U0089935

中國學術思想

研究輯刊

二　編

林　慶　彰　主編

第 15 冊

嵇康研究

蕭　登　福　著

花木蘭文化出版社

國家圖書館出版品預行編目資料

嵇康研究／蕭登福 著 — 初版 — 台北縣永和市：花木蘭文化
出版社，2008〔民 97〕
序 4+ 目 4+152 面；19×26 公分
（中國學術思想研究輯刊 二編：第 15 冊）
ISBN：978-986-6528-16-3（精裝）
1.（三國）嵇康 2.傳記 3.學術思想 4.魏晉南北朝哲學
123.14 97016631

ISBN - 978-986-6528-16-3

中國學術思想研究輯刊
二 編 第十五冊 ISBN：978-986-6528-16-3

嵇康研究

作　　者 蕭登福
主　　編 林慶彰
總 編 輯 杜潔祥
出　　版 花木蘭文化出版社
發 行 所 花木蘭文化出版社
發 行 人 高小娟
聯絡地址 台北縣永和市中正路五九五號七樓之三
　　　　 電話：02-2923-1455／傳眞：02-2923-1452
網　　址 http://www.huamulan.tw 信箱 sut81518@ms59.hinet.net
印　　刷 普羅文化出版廣告事業
封面設計 劉開工作室
初　　版 2008 年 9 月
定　　價 二編 28 冊（精裝）新台幣 46,000 元

嵇康研究

蕭登福　著

作者簡介

蕭登福，台灣屏東縣人，一九五○年生。現任國立台中技術學院應用中文系教授；常到中國、香港、新加坡、馬來西亞等處參加學術會議及講學。著有《嵇康研究》、《公孫龍子與名家》、《鬼谷子研究》、《敦煌俗文學論叢》、《漢魏六朝佛道兩教之天堂地獄說》、《道教與密宗》、《道教與佛教》、《道佛十王地獄說》、《周秦兩漢早期道教》、《南北斗經今註今譯》、《讖緯與道教》、《新編論衡》、《易經新譯》、《道教與民俗》、《道家道教影響下的佛教經籍》、《六朝道教上清派研究》、《六朝道教靈寶派研究》等專書三十二種；及學術論文百餘篇。

提　　要

　　本論文共分六章，約十餘萬言，旨在探討嵇康其人及其言論對後世之影響。魏晉之際政局多變，名士少有全者，復重之以老莊之學勃興，於是狂曠之風特起，或裸袒縱酒，或當弔而歌，以廢事為高，以勤恪為俗，故顧炎武以為王、何之罪深於桀紂。然若推溯此風之所以成，則殆有不得不然者焉，前人亦嘗為之致辯矣。嵇生為竹林名士，其學風率與王、何相類而其玄論則義奧而辯，詞藻而實，王導過江特標三論以為清談之資，嵇生玄論乃佔其二焉，亦可見其重要矣。今清談已為陳跡，玄論空留名目，然欲廢斯學，則後學無由窺其玄妙；若欲觀昔賢談玄論道之風，則捨嵇生玄論，莫能窺其堂奧也，故本文分嵇生之時代背景、家世、交遊、思想、玄論數者以探究之。

目

次

自 序 一

　　竹林七賢，世所艷稱，而七賢實以嵇、阮爲之首。嵇之名理，爲渡江後名士所重，後世學者宗之。其析理若芭蕉剝解，層層引進。其談辭如浮雲生岫，綿延不絕。乃言談之淵鑑，玄理之林藪也。

　　嵇生之名理，存諸玄論，其〈養生〉、〈聲無哀樂之論〉，爲世所樂道久矣。嵇生玄論，述敵我之意，示攻守之方，脣槍舌劍，往返論難。讀其文，昔賢談理爭道之狀，宛然而可見。今之治魏晉清談者，欲尋名理，當溯玄論，而魏晉玄論之作，嵇生實其冠冕。是捨嵇生，則魏晉玄風，其貌難明也。然嵇生之論，雖詞辯義奧，而或囿於道教吉凶災祥之說，乃不免有立旨失當之譏，此又其所蔽也。

　　本論文之作，旨在探究嵇康其人及其學。而學不獨興，溯其源，明其流，此學者所以有事也。是以論其世，首述魏晉之社會環境焉。

　　魏晉之世，玄風特起，莊老盛行，名士率酣飲沈湎，曠達不羈，崇自然而鄙名教。或醉眠婦側，或裸形屋中，或攜琴往弔，或箕踞而歌，眼分青白，人豕共飲。流風所及，遂至衰靡頹唐。晉范寧以爲王、何之罪，深於桀、紂。後世亦頗推闡其說。然詳考之，竊以爲范氏之言未確，范氏殆未深考其時代背景耳。魏晉衰世，世局多變，名士少有全者，縱酒服散，斯所以避罪全軀之道也；亦猶莊生社木之自晦於無用耳。戴逵嘗爲斯徒致辯矣。以爲「竹林之爲放，有疾而顰者；元康之爲放，無德而折巾者也。」（《晉書·戴逵傳》）。至若魏晉清談論道之風，才性四本之學，究其所以興，殆皆早肇基於漢季矣。石渠論議、白虎通觀，此漢世經學之「清談論道」也。汝南月旦、品第甲乙，此漢季人物之「才性四本」也。唯溯其源而尋其波，方能窺一豹之全。

　　嵇康文集，今之存者當以周樹人、戴明揚二氏所校輯者爲佳。本文凡所徵引者，皆據周本以爲說也。而本文之作，屢承黃師錦鋐與指導教授于師大成之啓沃斧正，指瑕陳疵，以成此規模。然綆短汲深，智有未逮，復以時日囿限，匆遽成篇，疏繆之處，知所不免，博雅君子，幸垂教焉。

　　　　　　　　　中華民國六十五年年三月八日　蕭登福　序於
　　　　　　　　　國立政治大學中文研究所

自 序 二

　　《嵇康研究》是筆者一九七六年所撰寫的碩士論文，當時指導教授是于師大成先生，時光飛逝，至今已三十二年之久了。書中所呈現的，是那時的論文寫法，且囿於當時校方的規定，以淺白的文言來撰寫；這些情況，在今日的論文寫作上，都已不可能再呈現了。

　　本書由於是畢業論文，當年雖曾在文史哲出版社寄賣，實際上是自費自印，不能算是正式出版。長期來筆者不斷有著作出版，但對生平第一次所寫的書，卻一直無意於付梓刊行。今年適巧台北花木蘭文化出版社負責人高小娟女士爲出版大型叢書《中國學術思想研究輯刊》來函，邀請授權出版，幾經思索，《嵇康集》的整理工作，雖有魯迅（周樹人）及戴明揚等人做過輯校及整理工作，也有單篇論文出現；但以專書形式來論述嵇康，筆者的《嵇康研究》，或許是較早，也是較難看到的；爲考慮到將來有人在做嵇康研究回顧時，可以方便找到，因而將之付梓刊行；並感謝花木蘭出版社的重新打字與細心校對。

　　本書爲保留原來形貌，除加入書名號及略改訛字外，其餘皆是一九七六年所撰原貌。至於書後的附錄一、附錄二，則是這次出版時筆者所新增入的。

蕭登福謹序於台中大里市

2008.7.17

第一章　時代背景

第一節　漢末魏晉之社會組織與經濟結構（壁塢、蔭附、屯田、占田）

漢季衰世，黃巾、董卓亂於先，群雄割據承其後。獻帝播越，王室如焚。官渡之爭，曹氏稱雄，赤壁之戰，三國是分。方是時也，連年烽火狼煙，遍地哀鴻屍骨。家園殘破，而民無聊生矣。孑餘之民，爲求自保，或家族，或村落，群聚共處，依山爲險，設柵立堡，而自衛之武力於是乎生焉。至若或有不願入深山幽谷而又無力自衛者，則每依附於州郡大姓以求庇護，藉以逃離戰禍而苟延生存焉。其入深山設柵立堡者，則後世所謂壁塢是也；其依附州郡大族者，則所謂蔭附是也。

夫壁塢，其所分佈之處，與所存在之時，則亦廣矣久矣。概以言之，江北江南，古往今來，凡有動盪之處，則壁塢式之自衛武力每生乎其間，而以魏晉六朝爲尤甚，且其影響亦較他代爲深。近人唐長孺氏於〈孫吳建國及漢末江南的宗部與山越〉〔註1〕一文中，以爲江南所謂山越者，率皆漢末大亂時，人民依山爲險，深入山中而亂平後未出者。溯其源，山越原與居處於平原之民無異也。《晉書·卷六七·郗鑒傳》云：

> 鑒得歸鄉里，于時所在饑荒，州中之士素有感其恩義者，相與資贍。
> 鑒後分所得，以贍宗族及鄉曲孤老，賴而全濟者甚多。咸相謂曰：
> 今天子播越，中原無伯，當歸依仁德，可以後亡。遂共推鑒爲主，

〔註 1〕見唐長孺著《魏晉南北朝史論叢》。

與千餘家俱避難於魯之嶧山。

又，《晉書·卷六二·祖逖傳》云：

> 初，北中郎將劉演距于石勒也，流人塢主張平、樊雅等在譙，演署
> 平爲豫州刺史，雅爲譙都太守。又有董瞻、于武、謝浮等十餘部，
> 眾各數百，皆統屬平。……而張平餘眾助雅攻逖。蓬陂塢主陳川自
> 號寧朔將軍陳留太守。逖遣使求救於川。川遣將李頭率眾援之，逖
> 遂剋譙城……（桓）宣遂留助逖，討諸屯塢未附者。

又，《晉書·卷一百·蘇峻傳》：

> 永嘉之亂，百姓流亡，所在屯聚，峻糾合得數千家，結壘於本縣。于
> 時豪傑所在屯聚，而峻最強。遣長史徐瑋宣檄諸屯，示以王化。又收
> 枯骨而葬之。遠近感其恩義，推峻爲主，遂射獵於海邊青山之中。

上述諸事，壁塢之明證也。魏晉之際，壁塢影響於政治者蓋甚深且鉅。雄傑
藉地方勢力而爲政治上權爭之資，且此遠藏深山之壁塢，時易代移，人事變
遷逐，遂致榛莽塞道，與外隔絕，後偶爲人尋獲，復經文人之描述，往往將
之美化或神化，令人思慕不已，嚮往不已。近人陳寅恪先生於〈桃花源記旁
証〉一文中〔註2〕，即以爲陶潛〈桃花源記〉所述，漁人所遭遇之桃花源洞，
其實乃止類之壁塢也。

　　至若蔭附者，究其原，則起於戰亂延綿，窮乏之民無力自保，是以依附
大姓，自甘淪爲半農奴式之蔭附。至其後，則或爲逃避政府苛猛之課役，或
爲畏罪潛逃，或爲干於名利，而自願加入者。豪族將此蔭附之民，予以武裝
組織，而形成地方之武裝勢力，此乃爲部曲、家兵、宗兵之由來也。豪門於
戰時則以之抵抗侵陵，或用以兼併他豪族，造成坐鎮一方之雄長。太平之時，
則以之爲豪族於政爭時進取之資。近人湯用彤、任繼愈二氏曾云：

> （黃巾亂後，各地割據），起義失敗了的農民，在軍閥混戰的災難下，
> 不得不忍受極大的剝削和壓迫。在宗族、鄉黨的封建關係下，分別
> 依附於各地豪強地主的周圍，借以自保，農民不能離開各地豪強地
> 主的土地，形成了當時的部曲制度。中原地區的個體的自耕農民，
> 極難生存……產生了嚴重的農民在經濟上、政治上，對地主階級的
> 人身依附的現象。〔註3〕

〔註2〕見《陳寅恪先生論文集》。
〔註3〕參見湯用彤、任繼愈二氏合著之《魏晉玄學中的社會政治思想略論》。

然壁塢、蔭附之發展，遂致國家之戶口不實，地方勢力擴張，新士族興起。而此時民生之經濟結構遂以自給自足爲主。在此二種形態下，實收其利者，則爲豪門世族也。依附之民，爲求生命之苟延，乃不得不忍受豪門世族之征斂剝削。《魏書·食貨志》云：

> 魏初不立三長，故民多蔭附，蔭附者皆無官役，豪強征斂，倍於公賦。

民既深受其害，君國亦不蒙其利。壁塢、蔭附下之經濟組織乃是分散性、割據性者，君王不得收其現有戶口中之應得賦役，削減中央之集權，助長地方之權勢。近人侯外廬氏於〈魏晉至北魏土地國有制形式的發展〉一文云：

> 史載東漢桓帝時，天下的戶口計戶一千萬，人口五千六百餘萬。到了晉武帝太康元年的調查，僅有戶二百四十五萬，口一千六百萬而已。由此可知自漢桓到晉武的統一，約一百二十年間，戶口比前減爲四分之一左右。這種驟減的程度，不完全是由於人民的死亡，實在是由於豪門的劇烈的兼併。隨著土地的占有，自然會爭取到勞動人口的蔭附。結果從國有土地流亡出來的農民或逃役畏罪的叛戶，變成了豪門勢族的戶口就被隱蔽起來。所謂「抱子幷居，竟不編戶」。當時漏戶的名目很多，到了後來，「僧祇戶」也出現了。〔註4〕

由上，可知是時豪門世族蒙蔽戶口之一斑矣。而君王者，爲求賦稅之增、國力之強，遂不得不窮其智謀以逼出蔭附戶口，俾有更多之人民爲其課役及從事戰爭。實行此政策而有所成者，則以魏武帝之屯田及晉時之占田爲最也。所謂屯田者，乃是以軍事編制，將農民圍限於固定之土地，爲君國從事耕稼，且曹魏屯田政策之推行，乃是大規模，全國性者。《晉書·食貨志》云：

> （魏武帝）以任峻爲典農中郎將，募百姓屯田許下，得穀百萬斛，郡國列置田官。數年之中，所在積粟，倉廩皆滿。

可知屯田之策，乃自許都始，而後推及全國者也。近人何茲全氏於《魏晉南北朝史略》亦曾略釋曹魏之屯田政策云：

> 曹魏的屯田是大規模的，是恢復農業生產的組織。就種類上講，有民屯、軍屯。就地域上講，有內地屯田、有邊地屯田。大概內地屯田多是民屯，邊地屯田多是軍屯。

屯田之策，增強曹軍之實力，遂使曹氏足以憑其武力統一北方。《三國志·魏書·武帝紀》建安二年注引《魏書》云：

〔註 4〕侯外廬著《中國思想通史》第三卷，第一章第二節。

> 自遭荒亂，率乏糧穀，諸軍並起，無終歲之計，飢則寇略，飽則棄
> 餘，瓦解流離，無敵自破者，不可勝數……是歲乃募民屯田許下。
> 得穀百萬斛，於是州郡例置田官，所在積穀，征伐四方，無運糧之
> 勞，遂兼滅群賊，克平天下。

屯田之制，置農民於土地之下，且設官以治之，則豪門不得無故而佔有之矣。
魏之屯田，至晉則演爲占田與課田。《晉書‧食貨志》云：

> 男子一人占田七十畝，女子三十畝。其外丁男課田五十畝，丁女二
> 十畝。次丁男半之，女則不課。男女年十六已上至六十爲正丁。十
> 五已下至十三，六十一已上至六十五爲次丁。十二已下，六十六已
> 上爲老小，不事。

於短短之數句中，言及占田與課田。近世學者之研究，或以爲丁男配田一百
二十畝（合占田、課田），其中五十畝乃納稅之用。或以爲一人之力不能耕百
餘畝，課田五十畝，其實包涵於占田之中，亦即丁男配田僅七十畝也。議論
紛紜，莫衷一是。至若西晉占田制之方式，則湯氏云：

> 用法制、政治的力量，把農民束縛在土地上，爲皇室及豪門地主耕
> 種，這就是西晉的占田制。〔註5〕

上述略及漢末魏晉六朝社會經濟結構之形成。由壁塢及蔭附之故，遂使豪門
世族之權勢大增，後雖經皇帝之圍限蔭附與客戶之戶數（見《晉書‧食貨志》）。
然仍未能抑止此趨勢也。史載謝靈運爬山，恆使僕輩百餘人闢山斬荊，眾或
譁爲山賊。由是可知宋時豪族之客戶仍多也。

又，魏晉之際，豪門巧奪橫征蔭附之民，是故富者益富，而豪奢之習生
焉。狁飲人乳，紫絲爲障，以蠟燭作炊，以赤石脂泥壁，食前方丈猶苦無下
箸處。皆生於是時。而石崇與王愷則其最著者也。〔註6〕

第二節　漢末魏晉世族之形成與政治組織形態之演進

一、世族之形成

世族柄政爲魏晉六朝獨有之政治形態，然世族之形成，實孕育於漢世。

〔註 5〕同註3。
〔註 6〕參見《世說新語》。

東漢之際，君王雖力倡儒學，而各經皆有家法師傅，學術爲少數人所獨攬，知識無異世襲。其時仕宦，約分地方察舉與公府徵辟二途，此二途初雖可舉士貢賢，然亦易相互標榜，徇私營黨，爲大族所壟斷，遂致仕宦世襲。《意林》卷五引仲長統《昌言》云：

> 天下士有三俗，選士而論族姓閥閱，一俗。交遊趨富貴之門，二俗。
> 畏服不接於貴尊，三俗。

又，王符《潛夫論·交際篇》云：

> 虛談則知以德義爲尊，貢舉則必以閥閱爲首。

知識與仕宦之世襲，此世族之所以形成也。所不同者，漢世之世族，無魏晉六朝世族之跋扈干政耳。漢季袁紹、楊彪、孔融之徒皆數世卿相，儒學家成，已可見其貴盛之一斑矣。其後董卓、黃巾亂起，此等豪族，更重之以客戶之蔭附與夫家兵宗兵之建立，遂致豪門世族之權勢益形壯大而各割據一方矣。

豪門蔭蔽人口，侵奪土地，一己之權益大，則國勢日衰。是以三國之際，魏武帝以軍事政治之力，力行屯田之策。屯田策行，而豪族之勢受阻。並誅除不合作之舊族。於是楊彪榜楚參并，五毒備至。彪子脩，及孔融皆見誅。〈崔琰傳〉云：「初太祖性忌，有所不堪者，魯國孔融，南陽許攸、婁圭；皆以恃舊對虔見誅。」（《三國·魏志》）。爲打擊世族，故魏武三下求賢之詔，論才不論行，求有用世之能而不計其閥閱世族。曹氏此舉，於群雄角逐之際，誠能收其宏效。然豪族名門之潛在勢力仍大，是以魏文繼立，遂由貴刑名而慕通達，大異其父所爲，且於延康元年，因吏部尚書陳群之議，定九品官人之法。九品之設，無異與豪族妥協也。考其所以出此下策者，乃因時移事異，此方一統，而士流播遷，此等豪族，率皆書香門第，世宦之人。平民或有奇智，然爲數鮮，不可據以爲常。且於板蕩初平之際，爲收翊贊之效，斷免豪門之牽掣，故遂有九品中正之法。九品設立之初，原欲效漢世察舉以清議舉賢良也。然此途既爲豪門把持，遂致不問良才而考世冑，無世襲之名而有世襲之實。《新唐書·柳沖傳》云：

> 魏氏立九品，置中正，尋世冑、卑寒士，權歸右姓。以其州大中正主簿，郡中正功曹，皆取著姓士族爲之。以定門冑，品藻人物。晉宋因之。

九品中正之結果，遂致「上品無寒門，下品無勢族」，不惟庶民與仕宦絕望，

世族亦遂分等級。其後愈演愈烈，而豪族柄政，遂爲魏晉六朝之特有政治形態矣。

　　然魏世門戶之見仍不甚嚴，渡江後，華素之別漸明，門第不同者，不惟不相嫁娶，甚且不同起坐。且豪門柄政之風既成，世族之仕宦，名分上雖由君王命定，實則世襲也。世族爲求特權之鞏固與全其優越，遂自爲一集團，彼此互爲聯婚，嚴忌婚宦失類，相以門戶標榜。其後縱有新興之顯宦、倖臣，亦難躋入其行列而須仰其鼻息矣。甚而上至皇帝對之亦無可奈何也。《宋書‧蔡興宗傳》云：

> 時右軍將軍王道隆任參內政，權重一時，躡履至前，不敢就席，良久方去，（興宗）竟不呼坐。元嘉初，中書舍人狄當詣太子詹事王曇首，不敢坐。其後中書舍人王弘爲太祖所愛遇，上謂曰：「卿欲作士人得就王球坐乃當判耳，殷、劉並雜，無所知也。若往詣球，可稱旨就席。」球舉扇曰：「若不得爾。」弘還，依事啓聞，帝曰：「我便無如此何。」

又，《南史‧列傳第二六‧謝譓傳》云：

> 先是中書舍人紀僧眞幸於武帝，稍歷軍校，容表有士風，謂帝曰：「臣小人，出自本縣武吏，殷逢聖時，階榮至此，爲兒昏得荀光女，即時無復所須，唯就陛下乞作士大夫。」帝曰：「由江斆、謝瀹，我不得措此意。可自詣之。」僧眞承旨詣斆，登榻坐定，斆便命左右曰：「移吾牀讓客。」僧眞喪氣而退告，武帝曰：「士大夫故非天子所命。」

又，《通鑑‧卷一六一‧梁紀》武帝太清二年云：

> 侯景自至壽陽，微求無已，朝廷未嘗拒絕，景請娶於王、謝。上曰：「王、謝門高非偶，可於朱、張以下訪之。」景志，曰：「會將吳兒女配奴。」

梁武太清之際，時降將侯景猖獗已甚，武帝不許其昏於王謝者，非有所愛於王謝，實有情非得已者在焉。由是知世襲之制已成矣。此種世襲特權之擁有，遂致世宦之豪門，不復措意於王室之篡奪、朝政之更迭。彼所醉心者，乃一己家族之延續與發展，所爭者，乃門第之升抑與排比耳。換代改朝，對之固無所搖撼焉。是以由魏晉至梁陳，朝代所歷非一，而王謝諸族，依然屹立不衰。族大勢盛者，甚且敢抗拒王室而不憂族誅。東晉時之周玘、王敦、桓溫之流是也。

二、魏晉之際，世族與皇權，世族與世族間之權爭

魏晉之際，士族略可別之爲新舊二者。新士族之興起，或因參預篡立，或因戰功，或因皇室賞拔所致。漢季中原板蕩，則由戰功興起者居多。曹魏一代，此時之新士族，其父若祖率皆曾追隨曹操征伐，此類士族亦皆忠心依附於皇族，與皇族之命運同終始。近世學者如侯外廬之流，即疑嵇康一族，爲隨曹氏起家之士族，此將於下章論究之。於魏晉之際，新舊士族尚無不能相容之狀，所有者，政權勢位之爭耳。概言之，大抵新士族忠於王室，舊族則擁護司馬。

三國之初，曹操運籌演謀，鞭撻宇內，然於內政，則遭楊彪、崔琰等舊族之反對，此王室與世族利害衝突之始也。其後文帝雖漸與妥協，至明帝則仍有「名如畫地作餅不可啖也」之語。顯係不滿於世族名士之相互標榜也。世族之特權仍無永久之保障，未能饜厭彼心。是以明帝一死而激烈之政爭興矣。擁皇族者以曹爽、何晏、丁謐、鄧颺爲首；舊族則以司馬懿爲首。壁壘分明，互鬥心機，且拉攏中立之士族，分化對方之陣容。派別不同之人，甚且相互仇隙輕詆，今略舉其事於下：

《世說新語・識鑒篇》云：

> 何晏、鄧颺、夏侯玄並求傅嘏交，而嘏終不許。諸人乃因荀粲說合之，謂嘏曰：「夏侯太初，一時之傑士，虛心於子，而卿意懷不可，交合則好成，不合則致隙。二賢若穆，則國之休。此藺相如所以下廉頗也。」傅曰：「夏侯太初，志大心勞，能合虛譽，誠所謂利口覆國之人。何晏、鄧颺有爲而躁，博而寡要，外好利而內無關籥，貴同惡異，多言而妬前。多言多釁，妬前無親。以吾觀之，此三賢者，皆敗德之人爾。遠之猶恐罹禍，況可親之邪？」後皆如其言。

《三國志・卷二一・傅嘏傳》裴注引《傅子》云：

> 嘏既達治好正，而有清理識要，好論才性，原本精微，尠能及之。司隸校尉鍾會年甚少，嘏以明智交會。

《世說新語・方正篇》：

> 夏侯玄既被桎梏，時鍾毓爲廷尉；鍾會先不與玄相知，因便狎之。玄曰：「雖復刑餘之人，未敢聞命。」考掠初無一言，臨刑東市，顏色不異。

《世說新語・簡傲篇》：

> 鍾士季精有才理，先不識嵇康；鍾要於時賢雋之士，俱往尋康；康
> 方大樹下鍛，向子期爲佐鼓排。康揚槌不輟，傍若無人，時移不發
> 一言。鍾起去，康曰：「何所聞而來？何所見而去？」鍾曰：「聞所
> 聞而來，見所見而去。」

同篇又云：

> 嵇康與呂安善，每一相思，千里命駕。安後來，值康不在，喜出戶
> 延之，不入，題門上作「鳳」字而去。喜不覺，猶以爲欣。故作鳳
> 字，凡鳥也。

又，同篇劉孝標注引《晉百官名》云：

> 嵇喜字公穆，歷楊州刺史，康兄也。阮籍遭喪，往弔之。籍能爲青
> 白眼，見凡俗之士，以白眼對之。及喜往，籍不哭，見其白眼，喜
> 不懌而退。康聞之，乃齎酒挾琴而造之，遂相與善。

上述數則，粗視之，似不近情理。歷世學者率以操趣不同，語不投機視之。竊以爲此則實與政爭有關焉。不然曹爽、何晏、夏侯玄見拒於傅嘏，嘏美鍾會，而鍾會爲夏侯玄、嵇康所斥，嘏既斥玄何以暱鍾；且阮籍、呂安既爲嵇康之至友，何以二人竟譏其兄喜。竊以爲彼等才氣識見皆一時之選也，同爲名士，而或親或拒者，實政治立場各異使然也。蓋傅嘏、鍾會乃司馬氏所依恃之爪牙；而曹、何、夏侯、嵇、呂諸人則爲擁皇室之名士也。曹、何所以求交於傅嘏者，實以傅爲司馬集團之核心人物。此舉實爲分化政敵之策略，倘傅嘏果納交，則不惟增其自身之力，亦可使司馬氏內部互相猜疑矣。而夏侯及康之所以拒鍾會，蓋鄙其爲司馬氏所用，非輕其才具也。阮籍、呂安之輕喜，則殆亦由是。喜重功名，從軍求仕，康嘗勸之，兄弟各異其趣。〔註7〕此蓋喜所以見輕於阮、呂者也。抑又有進者，同是故友，倘一方之政治立場改變，則彼此常亦因之反目。史載山濤、嵇康同爲七賢之友，兩人當曾密切交往，然山濤出仕，爲司馬策劃，康遂與之絕交，且於〈絕交書〉中嘲謔之，而有「向未熟悉於足下」之語。若是種種皆可見彼時士族權爭之一斑。其後司馬氏更以脅迫利誘之方式，逼迫名士爲其所用，並誅除異己：

《世說新語‧言語篇》云：

> 司馬景王東征，取上黨李喜，以爲從事中郎，因問喜曰：「昔先公辟
> 君不就，今孤召君何以來？」，喜對曰：「先公以禮見待，故得以禮

〔註7〕《嵇康集‧贈秀才入軍詩》。

進退。明公以法見繩，喜畏法而至耳。」

同篇又云：

> 「嵇中散被誅，向子期舉郡計入洛，文王引進，問曰：『聞君有箕山
> 之志，何以在此？』對曰：『巢許狷介之士，不足多慕。』王大咨嗟。」
> 注引向秀別傳云：「後康被誅，秀遂失圖，乃應歲舉到京師。」

《世說‧賢媛篇》：

> 王經少貧苦，仕至二千石，母語之曰：「汝本寒家子，仕至二千石，
> 此可以止乎？」經不能用。為尚書，助魏，不忠於晉，被收；涕泣
> 辭母曰：「不從母敕，以至今日。」母都無戚容，語之曰：「為子則
> 孝，為臣則忠；有孝有忠，何負吾邪？」

《世說‧尤悔篇》：

> 王導、溫嶠俱見明帝。帝問溫前世所以得天下之由；溫未答，頃，
> 王曰：「溫嶠年少未諳，臣為陛下陳之。」王乃具敘宣王創業之始，
> 誅夷名族，寵樹同己，及文王之末，高貴鄉公事。明帝聞之，覆面
> 箸牀曰：「若如公言，祚安得長。」

干寶《晉紀‧總論》云：

> 晉之興也，功烈於君王，事捷於三代，蓋有為以為之矣。宣景遭多
> 難之時，務伐英雄誅庶傑以便事，不及修公劉太王之仁也。受遺輔
> 政，屢遇廢置，故齊王不明，不獲思庸於亳。高貴沖人，不得復子
> 明辟。二祖逼禪代之期，不暇待參分八百之會也。是其創基之本，
> 異於先代者也。

此皆司馬氏迫害士族之罪證也。士族權爭之結果，必然導致一連串之殺戮。
首先司馬懿於正始十年，發起政變，誅戮當權之曹爽、何晏、桓範、丁謐、
鄧颺諸人，並夷其三族。自此司馬柄政，嘉平三年太尉王凌擁白馬王彪舉兵
以抗司馬氏，兵敗，被殺。是年司馬懿卒。師嗣立。正元元年，李豐等謀以
夏侯玄代司馬氏執政；事發，李豐、夏侯玄、張緝等皆為司馬氏所殺並夷三
族。同年司馬師廢皇帝曹芳為齊王，立高貴鄉公曹髦為帝。正元二年毋丘儉、
文欽舉兵欲除司馬氏，兵敗，毋丘儉被殺，文欽奔吳。於此年也，司馬師卒，
其弟昭繼立為將軍。甘露二年諸葛誕舉兵反，昭討餐，甘露三年斬誕，並夷
其三族。後二年，即景元元年，帝曹髦見威權日去，難抑其憤，自領僮僕攻
司馬氏，為昭所弒。景元三年，昭誅嵇康、呂安。五年誅鄧文、鍾會，昭死

於是年。其明年司馬炎篡立。

　　由曹爽、何晏被誅至司馬炎篡立，短短十餘年間，誅戮頻仍，變事迭起，亦可見權爭之劇烈矣。而此權爭，雖以司馬與曹氏為二核心，然仍亦世族與世族間之權爭也。以康之性烈而處於若是之朝，其不免於見誅也必矣。

第三節　漢末魏晉學術思潮之演變

　　兩漢尊經，魏晉談玄；學風互異，好尚有別。然所以由經入玄，由儒而道者，其由來者漸矣。非一朝一夕之故也。以社會環境觀之，則魏晉之際，北方粗定，豪族因蔭附與特權之擁有，遂富者並富，可坐食而不憂山空，有餘力以專研學海。且俗好佛道，首過上章，忘我泯智，此亦促使玄風之所以成也。復就政治之因素觀之，則魏武好法術，天下貴刑名；魏文慕通達，而天下賤守節。〔註8〕上有所好，下必甚焉。是以正始間為王、何之玄風作。其後魏季晉初，政壇多變，名士鮮有全者，曲隱之思，油然生焉。是故含光混世，好道伴狂。此亦玄風興起之因也。不寧惟是，夫學術思潮之自然轉變，道家懷疑精神抬頭，佛家般若學大行中土，此皆足助長玄風之流行。今之學者如湯用彤氏、劉大杰及王瑤諸人已多所論說矣。〔註9〕茲以本文上二節中，已言及魏晉之政局與夫社會結構，故於此二者不擬贅述。今僅就其學術思潮之轉變沿承論述於後：

一、經學新解

　　經學 —— 陰陽讖緯 —— 章句訓詁 —— 馬鄭之學 —— 荊州學派 —— 王弼玄學

　　有漢自武帝罷黜百家，獨尊儒術以還，經學遂為兩漢學術主流。然漢世儒生多宗陰陽，解經時雜讖緯。西漢之較著者如董仲舒、夏侯勝之流是也。哀平之際，緯侯之書特盛，託名孔子以自重。〔註10〕東漢之世，光武之讖與，故宗之尤甚，一時儒者翕然從風，大儒如馬融、許慎、鄭玄之流皆不免於斯

〔註 8〕此語見《晉書‧傅玄傳》。

〔註 9〕劉說見其所著《魏晉思想論》。湯論見《魏晉玄學論稿》。王瑤之言見《中古文學史論》、《中古文學思想》。

〔註10〕孔穎達以為「緯侯之書，偽起哀平。」，清儒皮錫瑞已辯正其非，且舉《史記‧趙世家》；「秦讖於是出」以為證。說見皮著《經學歷史四‧經學極盛時代》。

累。《意林》引桓譚《新論》云：「讖出河圖洛書，但有兆朕，可不可知，後人妄復加增依託，稱是孔丘，誤之甚也。」王充《論衡·問孔篇》云：「世儒學者，好信師而是古，以爲聖賢所言皆無非，專精講習，不知難問。夫聖賢下筆造文，用意詳審，尚未可謂盡得實，況倉卒吐言，安能皆是？不能皆是，時人不知難；或是而意沈難見，時人不知問。」言必孔子，行必據古。說易崇爻象，解經雜讖緯，此漢世學者之風也。

　　再者，西漢今文稱最，東漢古學代興。而兩漢說經皆重師法家法，毋敢或背。故咸以章句訓詁爲重，而怯於妄下己意，言而無依。其後，學者苟務於煩言碎辭，分崩離析，且率以利祿爲事，非有志於聖賢也。故弊端生焉。

　　《漢書·儒林傳·贊》云：

> 自武帝立五經博士，開弟子員，設科射策，勸以官祿，訖於元始，百有餘年，傳業者寖盛，枝葉蕃滋，一經說至百餘萬言，大師眾至千餘人，蓋利祿之路然也。

《漢書·藝文志》云：

> 後世經傳，既已乖離，博學者又不思多聞闕疑之義，而務碎義逃離，便辭巧說，破壞形體。說五字之文，至於二三萬言，後進彌以馳逐，故幼童守一藝，白首而後能言，安其所習，毀而不見，終以自蔽，此學者之大患也。

桓譚《新論》云：

> 秦近君能說〈堯典〉篇目兩字之誼，至十餘萬言，但說「曰若稽古」三萬言。〔註11〕

章句訓詁之學離析若是，更重之以學者各守家師法，抱殘守缺，安其所習，故自蔽而不見，白首而後能言。經學之敝，至是極矣。《後漢書·卷三五·鄭玄傳》云：

> 漢興，諸儒頗修藝文。及東京，學者亦各名家。而守文之徒，滯固所稟，異端紛紜，互相詭激，遂令經有數家，家有數說，章句多者或乃百餘萬言，學徒勞而少功，後生疑而莫正。

且漢世不惟章句、家師法之敝，更有今古文之爭，爭利祿，爭學官，喧嚷不休，相互攻伐，直至馬鄭起，注經兼採今古，而經學之視界始大，今古之爭始泯。學風自是一變。漢學始有盎然之生氣焉。

〔註11〕顏師古《漢書·藝文志》注引。

馬、鄭爲東漢之大儒，馬融才高傳治，爲世通儒，治經不囿今古，治學兼及諸子。《後漢書》本傳言其「善鼓琴，好吹笛，達生任性，不拘儒者之節，居宇器服，多存侈飾。常坐高堂，施絳紗帳，前授生徒，後列女樂，弟子以次相傳，鮮有入其室者。」馬融之行儀已粗具魏晉名士之風範矣。又本傳言其謂友人云：「古人有言：『左手據天下之圖，右手刎其喉，愚夫不爲。』所以然者，生貴於天下也。今以曲俗呎尺之羞，滅無貲之軀，殆非老莊所謂也。」，融嘗注群經，并及老子、淮南、離騷之書。由是言之，融之學行雖不失純儒，然已兆魏晉學風之先聲矣。

鄭玄爲有漢一代經學之集大成者，玄嘗師事馬融，注經兼採今古，混專家學，泯今古之爭。范蔚宗云：「鄭玄括囊大典，網羅眾家，刪裁繁誣，刑改漏失，自是學者略知所歸。」玄之學風行天下，清儒皮錫瑞謂康成之時乃經學之小統一時代，〔註12〕并謂舍鄭學無漢學。此亦可見鄭氏於漢世經學之地位矣。馬鄭之學對後世影響甚深。《南齊書·王僧虔·誡子書》云：「未知輔嗣何所道，平叔何所說，馬鄭何所異，指例何所明，而便盛於塵尾，自呼談士，此最險事。」，〈誡子書〉所云皆清談者所須知之事，如是則馬鄭之學亦爲清談之論題也。

漢季中原板蕩，劉表爲漢末八及之一，雄據荊州，愛才撫士，中原之學者多歸趨之。《魏志》本傳注引《英雄記》云：

> 乃開立學宮，博求儒士，使綦母闓、宋忠等撰定《五經章句》，謂之後定。

又，王粲〈荊州文學記官志〉云：

> 乃命五業從事宋衷所作文學，延朋徒焉。宣德音以贊之，降嘉禮以勸之，五載之間，道化大行，耆德故老綦母闓等負書荷器，自遠而至者，三百有餘人。（《藝文類聚》三十八、《太平御覽》六百八引）

又，《三國志·蜀志·尹默傳》云：

> 益部多遺今文而不崇章句，默知其不博，乃遠游荊州，徒司馬德操、宋仲子等受古學。

又，《蜀志·李譔傳》云：

> （譔）與同縣尹默俱游荊州，從司馬徽、宋忠等學。譔具傳其業，又從默講論義理。五經、諸子無不該覽，加博好技藝，算術、卜數、

〔註12〕見《經學歷史·五·經學中衰時代》。

醫藥、弓弩、機械之巧，皆致思焉……著古文易、尚書、毛詩、三禮、左氏傳、太玄指歸，皆依準賈馬，異於鄭玄。與王氏殊隔，初不見其所述，而意歸多同。

由上觀之，荊州之後定，蓋亦賈、馬之古文學也。荊州之大師乃以宋忠爲首。忠專擅易、玄，《隋志》嘗載其《易注》十卷、《太玄經注》九卷，則是時學者蓋已措意於易與玄矣。南齊王僧虔〈誡子書〉以「荊州八秩」爲「言家口實」，則知荊州之學正爲後來清談家所祖述也。又，清談之始創者王弼爲粲之族孫，粲嘗避地荊州，而蔡邕之書，末年載數車與粲；粲也，粲子見誅，書歸王弼之父業。由是而言，則王弼乃荊州學派之流裔也。《三國志‧魏鍾會傳》注引《博物記》云：

初，王粲與族兄凱俱避地荊州，劉表欲以女妻粲，而嫌其形陋而用率，以凱有風貌，乃以妻凱，凱生業，業即劉表外孫也。蔡邕有書近萬卷，末年載數車與粲，粲亡後，相國掾魏諷謀反，粲子與焉，既被誅，邕所與書悉入業。業字長緒，位至謁者撲射。子宏字正宗，司隸校尉。宏，弼之兄也。

又，同書注引《魏氏春秋》云：

文帝既誅粲二子，以業嗣粲。

弼爲劉表之外曾孫，其與荊州學派淵源亦深矣，故近人如湯用彤氏及王瑤諸人，皆以爲王弼之學乃承宋忠《易》學及《太玄》而來也。

兩漢經學分古今，學者率皆流於陰陽讖緯之詭異，與章句訓詁之煩瑣。至馬、鄭起，混今古而除紛爭，重義理而鄙瑣辭，注經不專守一家，而以義理爲歸，一反傳統注經之信師是古，此其影響於魏晉者蓋甚深。其後荊州經學新義起，延至王弼，而玄風開矣。

二、兩漢魏晉道家思潮及懷疑精神之演進與沿承

漢初重黃老，文、景之君，司馬、淮南之徒，〔註13〕皆崇道者也。降至武帝，儒學始興，而後經學遂爲主流焉。然道家之學，亦代又傳人，固未嘗絕也。嚴遵、揚雄、桓譚、王充、仲長統諸人是也。嚴遵嘗作《老子指歸》，雄嘗仿《易》作《太玄》，仿《論語》作《法言》。譚有《新論》，充有《論衡》，統有《昌言》。

〔註13〕司馬談〈六家要旨〉以道爲首，蓋亦道家之流也。

此輩雖學雜諸家或自言宗儒，究其實，實皆歸旨於道家者也。雄《法言・問神篇》云：「老子之言道德，吾有取焉耳。」王充《論衡・自然篇》結語云：「雖違儒家之說，合黃老之義也。」，且諸人之作，又當以揚雄之《太玄》與王充之《論衡》影響後世者爲尤鉅也。

揚雄之《太玄》乃仿《易》而作，是書引天道以合人事，桓譚《新論》云：「揚雄作玄書，以爲玄者，天也，道也。言聖賢制法作事，皆引天道以爲本統，而因附續萬類、王政、人事、法度。故宓羲氏謂之易，老子謂之道，孔子謂之元，而揚雄謂之玄。玄經三篇，以紀天地人之道，立三體有上中下，如禹貢之陳三品。三三而九，因以九九八十一，故爲八十一卦。以四爲數，數從一至四，重累變異，竟八十一而徧，不可損益。以三十六蓍揲之。玄經五千餘言，而傳十二篇也。」（《後漢書・張衡傳》注引），此揚雄《太玄》內涵之大概也。雄之書成，時人侯芭嘗從雄居，受其學。〔註14〕又漢世若桓譚、張衡皆嘗推許之。《漢書・揚雄傳》載桓譚之言云：「今揚子之書文義至深，而論不詭於聖人，若使遭遇時君，更閱賢知，爲所稱喜，則必度越諸子矣。」《後漢書・張衡傳》載衡之言云：「吾觀《太玄》，方知子雲妙極道數，乃與五經相擬，非徒傳記之屬。」。又，晉・常璩《華陽國志》蜀郡士女揚雄贊云：「其玄淵源懿，後世大儒張平子、崔子玉、宋仲子、王子雍皆爲注解，吳郡陸公紀尤善於玄，稱雄聖人。」於此可見雄書影響之一斑矣。《太玄》一書，雖雜陰陽，然天人相應之觀念，影響後世甚深。魏晉清談重《易》及清談家天道觀之形成，雄殆有力焉。

王充《論衡》一書，充滿道家之開闊胸懷，與懷疑精神。其書深疾俗儒與時習之弊。充亡，書初傳吳地，漢末三國盛行中土，且爲談士所貴。《後漢書・王充傳》注引袁山松書及《抱朴子》云：

> 袁山松書曰：「充所作《論衡》，中土未有傳者，蔡邕入吳始得之，恆祕玩以爲談助。其後王朗爲會稽太守，又得其書，及還許下，時人稱其才進。或曰：『不見異人，當得異書。』問之，果以《論衡》之益，由是遂見傳焉。」

> 抱朴子曰：「時人嫌蔡邕得異書，或搜求其帳中隱處，果得《論衡》，抱數卷持去。邕丁寧之曰：『唯我與爾共之，勿廣也。』」

〔註14〕《漢書・卷八七・揚雄傳》。

王充爲一肯深思，博洽多聞之人，能疑其所疑，辯其所辯，其書有〈問孔〉、〈刺孟〉、〈談天〉、〈論死〉、〈譏日〉、〈辨祟〉諸篇。觀其篇名即知其爲駁時俗之陰陽遣祟，與俗儒之尊天是孔而發也。此種懷疑與論辯之精神，影響於後世者甚鉅焉。漢季是書以蔡邕之故，得行中土，一時懷疑之風特盛，魏晉學風之丕變，蓋亦由此之故也。此種疑古之精神影響於文學者遂形成魏晉以曹丕《典論・論文》爲祖之批評文學焉，一反前儒崇聖宗經，以文學爲政教附庸之作風。疑古精神影響於本體論者，遂有楊泉、張湛等人之宇宙論焉。楊、張之說，粉碎天神創作萬物之概念，不復以天爲有意識之實體。《列子・天瑞篇》云：「天積氣耳，若屈伸呼吸，終日在天中行止，奈何憂崩墜乎？」，《列子》一書近人疑爲張湛之作。又楊泉〈物理論〉云：「天地有形而天無體，譬如灰焉，煙在上，灰在下也。」，〔註15〕是說實與前儒之以天與上帝相合。而爲宇宙唯一主宰之天道觀相反。其說之成，殆王充《論衡・談天篇》之懷疑精神有以啓之也。又，懷疑之精神影響於哲理者，則爲促使魏晉玄論論辯之興也。由於清談論辯之興，故漢季之人物品評，亦遂爲人所理論化。而劉劭之《人物志》，鍾會、傅嘏等人之《才性四本》因以之興矣。又，此種懷疑與批評之精神影響於人生觀、倫理觀上，遂促使魏晉崇尚自然、重真樸、反禮俗、反虛僞之曠達風範興起。而阮籍之青白眼、劉伶之縱酒裸體、謝幼輿之折齒、畢茂世之惡鞲縛，好自然，反禮俗，風俗至是又一變也。

三、兩漢之清議、論經與魏晉之清談、玄論

東漢之仕宦出於察舉，而察舉之道取決於時人之輿論。各士求名，故相互標榜，揄揚月旦，而人物之品評以成，品目亦因之而繁興。是以李膺、郭太、范滂、許劭之徒起，而三君、八俊、八顧、八及、八廚之名興焉。《後漢書・卷九八・郭林宗傳》載林宗評袁奉高、黃叔度云：

> 奉高之器，譬之泛濫，雖清而易挹。叔度之器，汪汪若千頃之波，澄之不清，撓之不濁，不可量也。

同卷又云：

> 謝甄字子微，汝南召陵人也，與陳留邊讓並善談論，俱有盛名。每共侯林宗，未嘗不連日達夜。

〔註15〕《太平御覽》卷二天部引。

又，同卷〈符融傳〉云：

> （符融）後遊太學，師事少府李膺。膺風性高簡，每見融，輒絕他
> 賓，聽其言論。融幅巾奮袖，談辭如雲，膺每捧手歎息。郭林宗始
> 入京師，時人莫識，融一見嗟服。

又，同卷〈許劭傳〉云：

> 劭與靖俱有高名，好共覈論鄉黨人物，每月輒更其品題，故汝南俗
> 有月旦評焉。

又卷六七〈黨錮列傳〉云：

> 自是正直廢放，邪枉熾結，海內希風之流，遂共相標榜，指天下名
> 士，爲之稱號。上曰三君，次曰八俊，次曰八顧，次曰八及，次曰
> 八廚。猶古之八元、八凱也。竇武、劉淑、陳蕃爲三君。君者，言
> 一世之所宗也。李膺、荀翌、杜密、王暢、劉祐、魏朗、趙典、朱
> 寓爲八俊。俊者，言人之英也。郭林宗、宗慈、巴肅、夏馥、范滂、
> 尹勳、蔡衍、羊陟爲八顧。顧者，言能以德行引人者也。張儉、岑
> 晊、劉表、陳翔、孔昱、苑康、檀敷、翟超爲八及。及者，言其能
> 導人追宗者也。度尚、張邈、王考、劉儒、胡母班、秦周、蕃嚮、
> 王章爲八廚。廚者，言能以財救人者也。

《世說新語·品藻篇》云：

> 汝南陳仲舉、潁川李元禮二人，共論其功德，不能定先後。蔡伯喈
> 評之曰：「陳仲舉彊於犯上，李元禮嚴於攝下；犯上難，攝下易。」
> 仲舉遂在三君之下，元禮居八俊之上。

由上觀之，則漢世之月旦人物已有「連日達夜」、「幅巾奮袖，談辭如雲」諸狀，此景與魏晉名士清談時口沫橫飛、塵尾亂舞之狀殆相去不遠。又彼時之品目人物至魏晉六朝，此風不息。《世說新語·品藻篇》所載者皆是也。洎乎魏初，遂由純批評而進入理論之建立。魏文帝之《士操》（或云應作《士品》），劉劭之《人物志》是也。清談且以之入題，是以傅嘏、王廣、李豐、鍾會諸人皆有《才性四本》之作。而嵇康之〈管蔡論〉亦是品評人物之文也。觀乎此，則知清議與清談之關係矣。

至若魏晉玄論之辯析哲論，與兼清談之詞鋒反覆，其論辨技巧之講求，與析理之明晰，則殆與漢世之講經論辯有關。西漢石渠論議，東漢白虎通講，此儒家論經之較著者也。此外，《後漢書·卷七十九·載憑傳》云：

　　　　正旦朝賀，百僚畢會，帝（光武）令群臣說經者，更相難詰，義有
　　　　不通，輒奪其席以益通者，憑遂重五十餘席。

同書〈李育傳〉云：

　　　　（章帝建初）四年，詔與諸儒論五經於白虎觀，育以《公羊》義難
　　　　賈逵，往反皆有理證，最為通儒。

《北堂書鈔・卷九六・談講十三》引《東觀漢記》云：

　　　　楊政字子行，治《梁丘易》，與京兆祁聖先同好，俱名善說經書。京
　　　　師號曰：「說經硜硜楊子行，論難幡幡祁聖先。」

此可見漢世論經之一斑。預其事者不惟須學淵識博，更須重視論辯之技巧。
此種論辯之風習，與夫論難技巧之講求，乃促使魏晉清談之興起，與夫玄論
名理之成長。魏初劉劭《人物志・材理第四》有所謂「聽序」、「造端」、「見
機」、「辯意」、「攝失」、「待攻」、「奪守」、「易予」等八項論辯要件。此八者
不惟清談之所資，亦且為玄論論理時所必備之要件也。

四、儒家易學，道教神仙、養生、丹藥，與夫佛家般若學之發展

　　儒家之易，固為魏晉清談三玄之要籍，然漢儒言易，率以陰陽術數為主，
且時雜於讖緯，此風自王充起而其習略革。洎至三國，易學異說紛起，近人
湯用彤氏嘗將之綜歸為三派：「（甲）、江東一帶，以虞翻、陸績等人作代表。
（乙）、荊州，以宋忠為代表。（丙）、北方，以鄭玄、荀融等人為代表。」
〔註16〕虞、陸及鄭、荀之易皆不免流於陰陽術數、宋忠之學載籍較少，難明
其義，然忠嘗習揚雄之《太玄》，雄之書雜陰陽，則荊州之說《易》蓋亦難
免於斯累耳。雖然，荊州之說經，義多新創，王弼承其風，弼之注《易》，
去爻象而主義理，近人湯氏謂其以得意忘言解易，〔註17〕遂使說《易》者摒
漢儒以陰陽災異及術數說《易》之習，轉而重義理。魏初學者之說《易》，
如管輅、何晏者流，皆未免見囿於漢易之風習，弼之義理，可謂說《易》之
新紀元。此魏晉之《易》學也。

　　道教起於漢季，至魏晉而信者益眾，名士率皆預焉。道教之神仙、養
生，與夫採藥鍊丹之術盛傳於名士間；而魏晉之清談玄理與夫名士之行儀

〔註16〕參見湯氏著《魏晉玄學論稿》，附錄：〈魏晉思想的發展〉。
〔註17〕湯用彤《玄學論稿》言意之辨云：「王弼首唱得意忘言，難以解易，然實則無
　　　　論天道人事之任何方面，悉以之為權衡，故能建樹有系統之玄學。」

風範，遂爲所左右矣。魏晉名士之放浪形骸，裸露穢行，雖與道家老莊之狂曠思想有關，實亦道教五石散之藥力刺激所致也。此說容於下節中論及，茲不贅述。

至若佛家，其教據云東漢明帝永平之世始傳中土。漢世魏初其影響仍微。渡江後，名士名僧交遊，而佛家之般若學遂與老莊並席矣。蓋東晉之世，佛家般若盛行中原，派分流別，學者漸眾，而般若之空義與老莊義近，清談者率佛老並研，故佛理亦入於玄。至梁陳之世，而佛理幾擅清談之場矣。

綜而言之，魏晉之學風，其表現於外之形式，則爲清談爲玄論。其所涵蘊於內之玄理，則爲儒家之易、道家之老莊、佛家之般若、與夫道教之養生、丹藥、吉凶災異。究此風之所以成，則皆醞釀於漢世也。兩漢之清議、論經，此魏晉清談、玄論之胚基也。漢世馬、鄭、揚、王之學，與荊州學派經學新解之興起，與夫道家思想之抬頭，此皆魏晉清談之所以成也。溯其源、尋其波，則知學術之不突起；其起也有漸。清談玄論之起，已兆端於漢世矣。

第四節　魏晉六朝名士之習尚

魏晉之際，名士因受老莊、清談、道教及漢末品目人物之影響，是以形成彼時文人之特殊行儀與習尚焉。《顏氏家訓‧勉學篇》云：「梁朝全盛之時，貴遊子弟，多無學術。至於諺云：『上車不落則著作，體中何如則祕書。』無不燻衣剃面，傅粉施朱，駕長簷車，跟高齒屐，坐棋子方褥，憑斑絲隱囊，列器玩於左右，從容出入，望若神仙。」其實此景不惟梁朝然也，魏晉莫不皆然。今據諸史及世說所載，約略鈎勒魏晉名士之風儀；則傅粉施朱以飾貌，褒衣博帶以適體，腰佩香囊麝臍，手執塵尾，足登高齒屐；此其形貌也。好老莊、善飲酒、服五石散、慕棲隱，時二、三友好，或聚飲，或談玄，或品目人物，此魏晉名士之嗜好也。好音聲歌伎，或善琴，或擅箏，或工琵琶，或精於鼓，或善於嘯，此魏晉士人之專擅也。又，好神仙方術，信道教，則其宗教信仰也。魏晉所謂之名士，其行儀風貌，率皆不外乎是。雖不必上述諸端備具者方爲名士，而名士必大體具備也。

魏晉名士之行儀已如上述，而由其行儀又可窺知其時代之思潮與習俗。爲求深知，故溯其源，窮其流，並分述於後：

一、傅粉施朱

　　男子傅粉施朱之風雖盛行於魏晉，然此事自漢時則已有之。《漢書·佞倖傳》云：「孝惠時，郎侍中皆冠鵔鸃貝帶，傅脂粉。」《後漢書·李固傳》言固「胡粉飾貌，搔頭弄姿。」漢世蓋偶有此事，其風未成也。其後以月旦人物之故，漸重儀表，至魏晉而變本加厲，踵事增華，其風遂成。《魏志·王粲傳》注引《魏略》云：「（曹）植因呼常從取水自澡訖，傅粉，遂科頭拍袒，胡舞五椎鍛，跳丸擊劍，誦俳優小說數千言。」又，《魏志·曹爽傳》注引《魏略》，云何晏「性自喜，動靜粉白不去手，行步顧影。」又，《世說·容止篇》云：「何平叔美姿儀，面至白，魏文帝疑其傅粉。正夏月，與熱湯餅，既噉，大汗出，以朱衣自拭，色轉皎然。」此皆魏世傅粉之證也。魏晉之際，品目人物雖重才德，亦重儀表。《世說·容止》所載，云嵇康巖巖若孤松之獨立，其子延祖如野鶴之立雞群；番岳、夏侯湛號曰連璧，裴令公有玉人之稱。王夷甫手與白玉柄無別，王右軍面如凝脂，眼如點漆。時重儀容，有「花容玉貌」者固自可喜，其下為者則不免假借於傅粉施朱，或以五石散自期矣。此傅粉之風之所以成也。

二、褒衣博帶

　　《晉書·五行志》云：「晉衰皆冠小而衣裳博大，風流相放，興台成俗。」，《宋書·周朗傳》云：「凡一袖之大，足斷為兩，一裙之長，可分為二。」《顏氏家訓》云：「梁朝士大夫皆尚褒衣博帶，大冠高履。」《南史·張暢傳》：「王敬則見融革帶寬將至髀，謂曰：『革帶太緩。』融曰：『既非步履，急帶何為！』」，由上述，知魏晉六朝時風皆崇尚寬衣緩帶也。至若此風之所以興，則殆與服食有關。近人如魯迅、如王瑤皆嘗言之矣。服散之後，為免皮膚為衣服所擦傷，是以衣物崇寬緩，且不敢常換洗。蓋衣寬則體適，而換洗之衣物僵硬易傷及肌膚也。嵇康〈與山巨源絕交書〉云：「危坐一時，性復多蝨，把搔無已，而當裹以章服，揖拜上官，三不堪也。」，《世說·雅量篇》云：「顧和始為揚州從事，月旦當朝，未入頃，停車州門外，周侯詣丞相，歷和車邊，和覓蝨夷然不動。」，《晉書·符堅》載記附〈王猛傳〉云：「桓溫入關，猛被褐而詣之，一面談當世之事，捫蝨而言，旁若無人。」，此輩皆甘心於蝨類之喫咬而不肯時時換洗者，蓋與服散之禁忌有關也。此事亦將於五石散條申述之。

三、香囊麝臍

魏晉名士好以香薰衣，且以香囊佩掛於腰間，蓋以其既可除臭，又可潔身故也。

《魏志‧朱建平傳》云：

帝將乘馬，馬惡衣香，驚齧文帝膝。

《世說‧惑溺篇》：

韓壽美姿容，賈充辟以為掾。充每聚會，其女於青璅中看，見壽，悅之；內懷存想，發於吟詠。後婢往壽家，具述如此，并言女色麗。壽聞之心動，遂請婢潛修音問，及期往宿。壽蹻捷絕人，踰牆而入，家中莫知。自是充覺女盛自佛拭，說暢有異於常。後會諸吏，聞壽有奇香之氣，是外國所貢，一著人，則歷月不歇。充計武帝唯賜己及陳騫，餘家無此香，疑壽與女通，而垣牆重密，門閤急峻，何由得爾？乃託言有盜，令人修牆。使反曰：「其餘無異，唯東北角有人跡，而牆高，非人所踰。」充乃取女左右考問，即以狀對。充祕之，以女妻壽。

《世說新語‧假譎篇》：

謝遏年少時，好著紫羅香囊，垂覆手。

《南齊書‧武十七王竟陵王子昭胄傳》云：

遺人殺山沙於路，吏於麝臍中得其事跡。

魏晉文士衣物既懶於換洗，而蝨蚤滿身，汗臭外溢，則佩香囊麝臍，殆有其不得不然者焉。

四、塵　尾

塵尾乃魏晉名士清談之表徵也。談士率皆執之，其佳者且為時人所貴。究其源，則或云出於佛。《釋藏音義指歸》云：「名苑曰：『鹿之大者曰塵，群鹿隨之，皆看塵所往，隨塵尾所轉為準。』，今講僧執塵尾拂子，蓋象彼有所指塵故耳。」，然此說稍迂。塵尾之興，初殆與如意同，蓋皆日常實用之物。如意以之搔癢，塵尾則為拂塵、驅蠅、扇涼之用也。其後如意以金玉為之，則由實用進而純為裝飾美觀矣。塵尾亦然。清談之初，殆亦執以驅蚊蠅、拂几案及扇涼，使不礙於清談也。全其後，則以之為增飾儀容之物也。而清談者亦時或以之指授以助表達，樂令揮塵以明旨不至，王導以塵尾指座，皆是也。近人賀昌群氏於世說新語札記一文中，考證甚詳（見中圖館館刊復刊第

一轉）。彼以爲麈尾即麈尾扇，蓋以其毛分左、右、中三面射出，其形如扇，故名。至若麈尾之作用，則賀氏以爲在拂與扇之間。「因麈尾有毫可以拂，其形扁平可以扇」，而「清談之人，幾無不服散，而服散又當冷將息，故冬月亦持扇。」，然麈扇雖可以拂與扇，麈尾與蠅拂，六朝則原爲二物也。今人於古裝戲所見者乃蠅拂而非麈尾也。

五、木　屐

木屐之最早見於記載，殆爲莊子書。《莊子·天下篇》云：「使後世之墨者，多以裘褐爲衣，以屐蹻爲服，日夜不休，以自苦爲極。」《釋文》引李注云：「木曰屐，麻曰蹻。」，可知戰國之世已有木屐矣。至漢世，見於載籍者益多。《太平御覽》卷六九八引《東觀漢記》：「脫衣解屐，昇於華轂。」，《後漢書·卷八三·戴良傳》：「良五女並賢，每有求姻，輒便許嫁，疏裳布被，竹笥木屐以遣之。」。至魏晉六朝而屐之風益盛，非惟家居，甚且以之見客、登山矣。《世說新語》載阮孚獨自蠟屐，王藍田以屐齒踏雞子。《晉書》言謝安過戶限不覺屐齒之折，《南史》云謝靈運上山去前屐齒，下山去後齒。至若木屐之形狀，則《搜神記》云：「婦人圓頭，男子方頭。」《晉書·五行志》云：「初，作屐者，婦人頭圓，男子頭方……至太康初，婦人屐乃方頭，與男子無別。」則晉太康以前男女之屐形狀有異，其後乃無別。而率皆有前後齒焉。木屐爲魏晉之世名士所不可或缺之日常用物也。故述之焉。

六、酒

魏晉名士率嗜酒，酒之與名士殆有不可分之關係。然是時之酒，蓋有二種：一爲藥酒，一爲常時宴飲之酒。藥酒一稱散酒。《世說新語·言語篇》載鍾毓、鍾會兄弟小時，值父晝寢，共偷服藥酒，即此是也。又，晉末陶淵明愛菊，常採菊英以造酒；近人王瑤氏以爲此酒即藥酒也。〔註18〕至若常時宴飲之酒，則魏晉名士服散之故，率皆溫之而後飲。

魏晉文士飲酒，其較著者，《世說新語》率已載之，〈任誕篇〉云嵇阮等七賢時於竹林下肆意酣暢，劉伶以酒名，阮籍自放於酒，王孝伯云：「名士不須奇才，但使常得無事，痛飲酒，熟讀《離騷》，便可成名士。」，王衛云：「酒

〔註18〕參見王瑤著《中古文學史論》，《中古文人生活》，《文人與酒》。

正自引人入著勝地。」，王佛大歎云：「三日不飲酒，覺形神不復相親。」，張季鷹云：「使我有身後名，不如即時一杯酒。」畢茂世云：「一手執蟹螯，一手持酒杯，拍浮酒池中，便足了一生。」，《世說·任誕篇》所載，名士之縱酒，比比皆是也。

若乃魏晉名士何以縱酒，推尋其故，則有可得而言者：

1. 藥酒可延年

《藝文類聚》卷四引魏文帝〈九日與鍾繇書〉云：「至於芳菊紛然獨榮，輔體延年，莫斯之貴，謹奉一束，以助彭祖之術。」，又，陶淵明詩云：「酒能祛百慮，菊解制頹齡。」，此中所云菊酒，乃藥酒也。由是觀之，魏晉名士之嗜藥酒，蓋不外乎求益壽延年也。

2. 慨嘆人生短暫

漢末魏晉，時局動盪，民無聊賴，生滅之思易起，感歲月之難居，歎生死之無常，是以酖酒縱欲以求一時之樂。魏武〈短歌行〉云：「對酒當歌，人生幾何！」又云：「何以解憂，惟有杜康。」，曹植〈與吳質書〉云：「願舉太山以為肉，傾東海以為酒，伐雲夢之竹以為笛，斬泗濱之梓以為箏，食若填巨壑，飲若灌漏卮，其樂固難量，豈非大丈夫之樂哉！」

人生不如意事，十居八九，為除煩憂，是以自逃於酒，借酒以除憂耳。

3. 避政治之誅戮

魏晉之際，政局多變，名士動輒見誅，為全生保身，是以藉自溺自晦以避世，此亦東方朔「避地金馬門」之故智也。《世說》云王戎多殖財賄以自晦默，〔註19〕顧愷之避於癡，阮籍逃於酒。又，《晉書》云賀循服寒食散，露髮袒身，示不可用，故得免於陳敏之逼。王戎僞藥發墮廁，以故得自全。〔註20〕此皆名士之自晦默也。

酒既為避世之一方，故嗜之者眾，且每於易代之際，以之避政治之殺戮。《晉書·阮籍傳》云：「文帝初欲為武帝求婚於籍，籍醉六十日，不得言而止。鍾會數以時事問之，欲因其可否而致之罪，皆以酖醉獲免。」，〈阮裕傳〉亦云裕終日酣暢，以酒廢職，故得免王敦之難。〈顧榮傳〉云：「榮為避齊王冏之難，終日昏酣，不綜府事。」據是則知名士之好酒，殆非本性使然也。胡

〔註19〕《世說新語·儉嗇篇》注引《晉陽秋》及戴逵之語。

〔註20〕參見《晉書·賀循傳》及〈王戎傳〉。

仔《苕溪漁隱叢話》引《石林詩話》云：

> 晉人多言飲酒，有至沈醉者，此未必意眞在於酒，蓋時方艱難，人
> 各懼禍，惟託於醉，可以粗遠世故。蓋陳平、曹參以來用此策。《漢
> 書》記陳平於劉、呂未判之際，日飲醇酒戲婦人，是豈眞好飲邪？
> 曹參雖與此異，然方欲解秦之煩苛，付之清淨，以酒杜人，是亦一
> 術。不然，如蒯通輩無事而獻說者，且將日走其門矣。流傳至嵇、
> 阮、劉伶之徒，遂全欲用此爲保身之計，此意惟顏延年知之。故〈五
> 君詠〉云：「劉伶善閉關，懷情減聞見，韜精日沈飲，誰知非荒宴。」，
> 如是飲者未必劇飲，醉者未必眞醉也。後世不知此，凡溺於酒者，
> 往往以嵇、阮爲例，濡首腐脇，亦何恨於死邪！

《石林詩話》之語，可謂知言矣。

七、寒食散

　　寒食散或名五石散，或名紫石散。藥方蓋以赤石脂、白石英、紫石英、
鍾乳、石硫磺等物混合調記，視病者之症侯而增減之。其藥傳爲漢世張機所
製，至魏初何晏首蒙其利而後盛行。《世說新語·言語篇》何平叔條，注引秦
丞祖〈寒食散論〉云：「寒食散之方，雖出漢代，而用之者寡，靡有傳焉。魏
尚書何晏首獲神效，由是大行於世，服者相尋也。」，魏晉服食者眾，後其方
則《金匱要略》與《千金翼方》諸書皆載之。孫思邈《千金翼方》載五石更
生散及五石護命散等方，今錄其更生散於下：

> 五石更生散，治男子五勞七傷，虛羸著床。醫不能治，服此無不愈；
> 惟久病者服之，其年少不識事不可妄服。明於治理，能得藥適，
> 可服之；年三十勿服。或腎冷、脫肛、陰腫，服之尤妙。
>
> 紫石散　白石散　赤石脂　鍾乳　石硫磺　海蛤并研　防風　栝樓
> 各二兩半　白朮七分　人參三兩　桔梗　細辛　乾薑　桂心各五分　附子
> 炮三分去皮
>
> 右一十五味，擣篩爲散，酒服方寸匕，日二。中間節量，以意裁之。
> 萬無不起。熱煩悶，可冷水洗面及手足，身體亦可渾身洗。若熱欲
> 去石硫磺、赤石脂，即名三石更生散。一方言是寒食散，方出何侯，
> 一兩分作三薄，日移一丈再服，二丈又服。

據上知五石散乃治五勞七傷、腎冷、脫肛、陰腫及虛羸久病之藥也。魏晉名

士率好音聲歌伎，加以道教房中術流行，此藥既可治虛羸，其為採補者所好乃必然之勢也。《世說・言語篇》：「何平叔云：『服五石散，非惟治病，亦覺神明開朗。』」，既可治病，亦可爽神，此藥之所以流行也。然寒食散之藥性甚烈，服食之後宜行走，謂之行藥或行散。且須嚴守禁忌，調度得宜；若調度失宜，輒將招致極悲慘之後果焉。《晉書・裴秀傳》言秀服寒食散，當飲熱酒而飲冷酒，以故而卒。又，《醫心方》卷二○引釋慧義云：「散發後熱氣衝目，漠漠無所見。」，《世說・規箴篇》云：「殷覬病困，看人政見半面。」，《晉書・皇甫謐傳》，謐自言：「隆冬裸袒食冰，當暑煩煩，加以咳逆，或苦溫瘧，或類傷寒，浮氣流腫，四肢酸重，於今困劣，救命呼噏。」，〈賀循傳〉云：「循辭以腳疾，手不制筆，又服寒食散，露髮袒身，示不可用。」《北史・長孫道生傳》云：「子彥本名儁，末年石發，舉體生瘡，雖親戚兄弟以為惡疾。」，此皆將息失宜所致也。

至若將息之法，則或隆冬而裸袒食冰，或散髮洗沐，或寒冬迎風，或禁喜怒，或禁食熱。《醫心方》及《諸病源候論》嘗引皇甫謐之論，言之甚詳：「要當違人理，反常性。重衣更寒，一反也。飢則生臭，二反也。極則自勞，三反也。溫則滯利，四反也。飲食欲寒，五反也。癰瘡水洗，六反也。當洗勿失時，一急也。當食勿忍飢，二急也。酒必醇清令溫，三急也。衣溫便脫，四急也。食必極冷，五急也。臥必衣薄，六急也。食不厭多，七急也。冬寒欲火，一不可也。飲食欲熱，二不可也。當疹自疑，三不可也。畏避風涼，四不可也。極不欲行，五不可也。飲食畏多，六不可也。居貪厚席，七不可也。所欲從意，八不可也。務違常理，一無疑也。委心棄本，二無疑也。寢處必寒，三無疑也。」，《醫心方・服石禁忌篇》又引皇甫謐之語云：「凡諸石有十忌：第一忌瞋怒，第二忌愁憂，第三忌哭泣，第四忌忍大小便，第五忌忍飢，第六忌忍渴，第七忌忍熱，第八忌忍寒，第九忌忍過用力，第十忌安坐不動。若犯前忌，藥勢不行，偏有聚結，常自安穩調和四體，亦不得苦讀念慮，但能如是，終不發動，一切即愈。」據皇甫謐所云，則調息之法有六反、七急、八不可、三無疑及十忌。此雖為服食者所宜戒謹，然服食者亦不必事事與上合也。

綜上所述，則知魏晉名士之所以放達不羈，袒身露體，數十年不見喜怒之容諸事，一方面固因老莊以理化情，聖人無情之思想盛行；一方面殆亦以服寒食散，將息之法必當如是也。至其後乃愈演愈烈，是以醜行怪態百出。

而調息失度者，且藥發後之怪異行徑，亦每出人之意表也。

八、棲　逸

　　魏晉名士率皆欣慕隱逸，入山者亦頗不乏人。推究此風之所以成，殆因道教盛行與夫政局多變故也。道教採藥及鍊丹皆須於深山隱蔽、人跡罕至之處（見《抱朴子》）。名士既好道，其為煉丹、採藥而偶棲於山，乃必然之事。況魏晉之際，政局多變，名士少有全者，易起避世之思。由是言之，魏晉之初，名士之棲逸，殆皆有為而然也。迨夫此風既成，行之既久，遂為時尚。後之隱者，殆皆為隱而隱；更至其後，則或為求名而隱，或為附庸風雅而隱。隱逸遂為點綴昇平之物，不再涵政治之意義矣。概言之，棲逸約可分為下數類：

　　1. **為政治、道教之故而隱者：孫登、嵇康、王烈之流是也。**
　　《世說新語‧棲逸篇》注引王隱《晉書》云：

　　　　孫登，即阮籍所見者也。嵇康執弟子禮而師焉。魏晉去就，易生嫌
　　　　疑，貴賤並沒，故登或默也。

　　《晉書‧嵇康傳》云：

　　　　康嘗採藥，游山澤，會其得意，忽焉忘反。時有樵蘇者遇之，咸謂
　　　　神。至汲郡山中，見孫登，康遂從之游。登沈默自守，無所言說。
　　　　康臨去，登曰：「君性烈而才儁，其能免乎？」。康又遇王烈，共入
　　　　山，烈嘗得石髓如飴，即自服半，餘半與康，皆凝而為石。又于石
　　　　室中見一卷素書，遽呼康往取，輒不復見。烈乃歎曰：「叔夜趣非常，
　　　　而輒不遇，命也。」

　　2. **為求高名而隱者：謝安、許玄度是也。**
　　《世說新語‧排調篇》云：

　　　　太傅始有東山之志，後嚴命屢臻，勢不獲已，始就桓公司馬。於時
　　　　人有餉桓公藥草，中有「遠志」，公取以問謝：「此藥又名『小草』，
　　　　何以一物而有二稱？」，謝未答，時郝隆在坐，應聲答曰：「此甚易
　　　　解，處則為遠志，出則為小草。」。謝甚有愧色。桓公目謝而笑曰：
　　　　「郝參軍此通乃不惡，亦極有會。」

　　《世說新語‧棲逸篇》云：

　　　　許玄度隱在永興南幽穴中，每致四方諸侯之遺。或謂許曰：「嘗聞箕

山人，似不爾耳。」許曰：「筐篚苞苴，故當輕於天下之寶耳。」

3. 為點綴昇平而隱者：則桓玄所為者是也。

《晉書・桓玄傳》：

> 玄以歷代咸有肥遯之士，而己世獨無，乃徵皇甫謐六世孫希之為著
> 作，並給其資用，皆令讓而不受，號曰高士。時人名為充隱。

4. 為附庸風雅而隱者：如戴逵、支道林之流是也。

《世說・棲逸篇》云：

> 郗超每聞欲高尚隱退者，輒為辦百萬資，并為造立居宇。在剡為戴
> 公起宅，甚精整；戴始往居，與所親書曰：「近在剡，如入官舍。」
> 郗為傅約亦辦百萬資，傅隱事差互，故不果遺，

《世說・排調篇》：

> 支道林因人就深公買岇山，深公答曰：「未聞巢、由買山而隱。」

棲隱而至戴逵輩辦百萬資之田地，則不啻於山中別墅觀賞山光水色，而非真
隱矣。所不同者，乃享受之地由繁華鬧市之舞榭歌臺，轉而為深山幽谷之水
色澗聲也。去真隱邈乎遠矣。隱居至其後，既非為避政治之迫害，故遂有避
地金馬門之思焉。以為「聖人雖在廟堂之上，然其心無異於山林之中。」，「君
自見其朱門，貧道如游蓬戶。」，[註21]而幽谷空山之岩隱遂為朝隱所取代矣。

九、音聲歌伎

魏晉六朝之時，上至帝王，下至士族，率好音聲，解歌舞，且盛畜伎樂。
三國之世，魏武帝、文帝與曹植均好伎樂；文士如禰衡善擊鼓，周瑜解音律。
至魏晉之際，名士精擅於音律者益眾。竹林之徒：嵇康好琴，阮咸善琵琶；
籍作〈樂論〉，康有〈琴賦〉。再者，如石崇盛畜樂伎，而以綠珠為最，此皆
史有明文，深為世人所熟知者也。渡江之後，風流所被，名士率皆習焉。《世
說新語》所載者：荀勗善解音聲（〈術解〉）；王敦擊鼓，神氣豪上（〈豪爽篇〉），
王獻之、顧彥先好琴（〈傷逝〉）；桓子野善笛（〈任誕〉）；顧長康自以〈箏賦〉
比擬嵇叔夜之〈琴賦〉。此皆六朝名士善音律之明證也。

由上觀之，魏晉之名士不惟善於樂理，亦且精於自演。荀勗、阮咸二人

[註21] 向郭注《莊子・逍遙遊》「藐姑射之山」下云：「夫聖人雖在廟堂之上，然其
心無異於山林之中。」，又《世說・言語篇》云：「竺法深在簡文坐，劉尹問：
『道人何以游朱門。』答曰：『君自見其朱門，貧道如遊蓬戶。』或云卞令。」。

且能校正音律之闕失。又,《世說新語·豪爽篇》載:「武帝喚時賢共言伎藝之事,人人皆多有所知,唯王(敦)都無所關,意色殊惡,自言知打鼓吹。」,此亦可知善伎藝亦爲彼時名士風雅之一也。不嫻熟乎此,殆乃見鄙於人也。

十、嘯 詠

嘯詠乃兼嘯與詠二者而言。二者雖皆以口爲之,然而有別焉。嘯旨序云:「氣激於舌而清,謂之嘯。」,〔註22〕施爲之法則是:「調暢其出入之息,端正其唇齒之位,安其頰輔,和其舌端,考繫於寂寞之間,而後發析,撮五太之精華,高下自恣……」(《嘯旨·權輿章第一》)。易言之,所謂嘯者,乃氣與口、與舌之變化應用也。且嘯爲有聲無字之音(見唐寅撰〈嘯旨後序〉)。至若詠,則是拉長其音調,而以之朗讀或背誦詩文。易言之,詠則爲有聲有字者也。然嘯與詠皆盛行於魏晉之世。

嘯之所以興,究其因,則殆魏晉名士滿懷憂憤,欲抒發其胸中鬱悶之氣,故激之而出。然殆亦與彼時名士之好音聲有關。至其後則愈演愈烈,嘯之方益多,且益加神祕矣。唐人佚名所撰之《嘯旨》,以爲嘯傳自老君、王母及南極眞人等諸仙。善嘯可以感鬼神、致不死。得嘯之道者,可以登仙、可使山岳震越、海水倒立。是書所云,不啻以嘯爲仙神之物矣。然如據文獻所載而云,則嘯殆爲魏晉間之產物,而非傳自老君者也。茲舉數例以明之:

《世說·棲逸篇》云:

> 阮步兵嘯,聞數百步。蘇門山中,忽有眞人,樵伐者咸共傳說。阮籍往觀,見其人擁膝巖側。籍登嶺就之,箕踞相對。籍商略終古,上陳黃、農玄寂之道,下考三代盛德之美,以問之。仡然不應。復敘有爲之外,棲神導氣之術,以觀之。彼猶如前,凝矚不轉。籍因對之長嘯。良久,乃笑曰:「可更作?」籍復嘯。意盡,退,還半嶺許,聞上唒然有聲,如數部鼓吹,林谷傳響,顧看,乃向人嘯也。

又〈雅量篇〉:

> 劉越石爲胡騎所圍數量,城中窘迫無計。劉始夕乘月登樓清嘯,胡賊聞之,皆棲然長歎;中夜奏胡笳,賊皆流涕歔欷,人有懷土之切;向晚又吹,賊並棄圍而散走。或云是劉道眞。

〔註22〕按《夷門廣牘》四載有唐人所撰之《嘯旨》,其撰者名已佚。

又〈簡傲篇〉云：

> 晉文王德盛功大，坐席嚴敬，擬於王者。惟阮籍在坐，箕踞嘯歌，
> 酣飲自若。

又〈文學〉云：

> 桓玄嘗登江陵城南樓，云：「我今欲爲王孝伯作誄。」因吟嘯良久，
> 隨而下筆，一坐之間，誄以之成。

又〈任誕〉：

> 王子猷嘗暫寄人空宅住，便令種竹。或問：「暫往何煩爾？」王嘯詠
> 良久，直指竹曰：「何可一日無此君？」

上所述者乃嘯之概略也。至若詠者，其興似較嘯爲晚。然詠與嘯皆魏晉名士
風雅之一種。詠雖不若嘯之神化，亦重聲調技巧之講求。其較著者，則爲略
帶鼻濁音之洛下書生詠生也。今亦略舉於後以概見一斑：

> 《世說・任誕》：
>
> 王子猷居山陰，夜大雪，眠覺，開室，命酌酒，四望皎然，因起彷
> 徨，詠左思〈招隱詩〉。

又〈文學篇〉顧長康〈箏賦〉條，注引《續晉陽秋》：

> （顧愷之）與謝瞻連省，夜於月下長詠，自云得先賢風制，瞻每遙
> 贊之……

又〈雅量篇〉云：

> 桓公伏甲設饌，廣延朝士，因此欲誅謝安、王坦之……謝之寬容，
> 愈表於貌。望階趨席，方作洛生詠，諷「浩浩洪流」。

又〈文學篇〉云：

> 王孝伯在京行散，至其弟王睹戶前，問古詩何句爲最。睹思未答，
> 孝伯詠：「『所遇無故物，焉得不速老。』，此句爲佳」

又〈輕詆篇〉云：

> 人問顧長康：「何以不作洛生詠？」答曰：「何至作老婢聲。」

十一、道　教

　　道教雖倡自東漢三張父子，然其雛型則可遠溯至戰國也。戰國之世，齊
燕方士之導引、煉丹及浮海求仙，已近於漢季之道教矣。《莊子》書云：「眞
人之息以踵，眾人之息以喉。」（〈大宗師〉），又云：「吹呴呼吸，吐故納新，

熊經鳥申，爲壽而已矣。此導引之士，養形之人，彭祖壽考者之所好也。」（〈刻意〉），又云：「藐姑射之山有神人居焉，肌膚若冰雪，淖約若處子，不食五穀，吸風飲露，乘雲氣，御飛龍，而遊乎四海之外，其神凝，使物不疵癘而年穀熟。」（〈逍遙遊〉），《莊子》爲戰國之書，而其所述乃與後日道教之導引吐納，與夫神仙之描述，竟無二致。故知道教之興，其來有自矣。概言之，道教乃中國古代之巫術、方技，與民間信仰之總集成者也。近人許地山氏於〈道家思想與道教〉一文中（燕京學報第二期），亦嘗詳析述矣。

　　至秦世，始皇帝信方術，好長生之說，嘗派徐福諸人數次入海以求仙。漢興，武帝尊少君、欒大之徒；成帝嘗學燒煉黃白之術。〔註23〕此則先秦之才方術神仙已由民間信仰而漸爲帝王所尊尚矣。降至東漢，鉅鹿人張角奉事黃老道，自稱大賢良師，畜養弟子，跪拜首過，並以符水咒說療疾，〔註24〕於是道教之行儀粗具。漢末復有張陵者，與其子張衡孫魯，造作符書，創立五斗米教。魯自號師君。道教於是乎成立矣。

　　至若道教修習之法，則早期盛行道引、房中術，與夫食屎、飲尿、倒懸諸污穢自若之修煉之方。王充《論衡》嘗云道士劉春熒惑楚王英，使食不清。《後漢書・方技傳》言甘始、東郭延年、封君達三人，或飲小便，或自倒懸。漢世此風，雖于吉《太平經》嘗加指斥，然未斷絕也。魏晉六朝之世，其習猶存，故《抱朴子》謂煉丹須燒馬屎（〈黃白篇〉）。陶隱居云道教用豬屎汁（《證類本草》卷一八豬屎條）。又，南朝釋玄光〈辯惑論〉云：「道士方術穢濁不清，乃叩齒爲天鼓，咽唾爲醴泉，馬屎爲靈薪，老鼠爲芝藥。」，此皆道教初期污穢不潔之明證也。此風直至北魏寇謙之起，方漸革之。

　　道教綜歸之則可分爲丹鼎派與符籙派二者，丹鼎又有內丹、外丹之分。外丹則黃白冶煉之術與採藥合散之術是也，內丹則導引吐納、結靈胎之方是也。符籙肇自何時已不可知，于吉《太平經》及《抱朴子》諸書皆嘗載之，然于吉之書，所謂符籙者，乃不異複文也。與後世之符籙稍異。故知《太平經》所繪者，殆爲符籙之雛型焉。

　　由上觀之，道教雖盛行於魏晉之世，然此時道教之行儀、修爲之方，尚變異不居。而異服食、採藥、符籙禁咒、上章首過、導引吐納、房中術等諸方，則深爲時人及名士所盛傳。《晉書》言王烈、嵇康嘗入山採藥而遇素書、

〔註23〕成帝之事見《漢書・劉向傳》。
〔註24〕張角之事見《後漢書・卷一一○・皇甫嵩傳》。

石髓之事。《世說·棲逸》云阮籍與孫登論及棲神導氣之術。嵇康〈答難養生論〉言瓊蕊玉英、金丹石菌可令人練骸易氣、染骨柔筋。《晉書·王凝之傳》，云其信道至虔，叛兵至，不治守具而禱鬼卒神兵相助，終爲所殺。再者，《世說·術解篇》云：「郗愔信道甚精勤，常患腹內惡，諸醫不可療，聞于法開有名，往迎之。既來，便脈云：『君侯所患，正是精進太過所至耳。』合一劑湯與之。一服，即大下，去數段許紙如拳大，剖看，乃先所服符也。」又，《晉書·王獻之傳》云：「未幾獻之遇疾，家人爲上章，道家法應首過，問其有何得失，對曰：：『不覺餘事，惟憶與郗家離婚。』」。又，《三國志·方技傳》注引東阿王〈辯道論〉云：「世有方士，吾王悉所招致。甘陵有甘始，盧江有左慈，陽城有郤儉。始能行氣導引，慈曉房中之術，儉善辟穀，悉號三百歲。」。魏晉之世，佛道盛世，不耽於佛，即惑於道。近人陳寅恪以爲六朝之世，父子以「之」爲名者，率皆道教之徒也。

綜觀魏晉之道教，其行儀雖繁雜，修練雖多方，然此時最爲文士所崇奉者，則不外上章首過、採藥煉丹、導引吐氣、符籙禁咒，吉凶機祥數事也。

第二章　嵇康之家世與生平

　　嵇康之事蹟，典籍所載，以唐修之《晉書》本傳爲詳。是書採臧榮緒、王隱諸人之書，並及諸家說，混眾論而成一家之言。然亦不無採摘不當者。如言康與王烈入山，遇石髓、素書，事涉神怪，而以之入傳。且於避仇改姓之事，亦臆說耳，非有確證也。此皆將於下文詳述之。

　　康之事蹟，《晉書》而外，《北堂書鈔》、《藝文類聚》、《初學記》、《太平御覽》、與夫《三國志》裴注、《世說新語》劉注、《文選》李善注諸書皆有徵引。然率皆吉光片羽，或竟事涉怪誕，甚或譌傳有誤，雖可略補《晉書》本傳之闕，而難據以觀嵇生生平之全豹。茲以唐修《晉書》爲主，而輔以他家所記，略分數則，述說其家世生平於後：

第一節　家　世

一、姓　氏

　　康之姓氏，見諸載籍者，以王隱、虞預二人所撰之《晉書》爲其首：

王隱《晉書》云：

> 嵇本姓奚，其先避怨徙上虞，移譙國銍縣。以出自會稽，取國一支；音同本谿焉。（《世說新語・德行篇》注引）

虞預《晉書》云：

> 康家本姓奚，會稽人，先自會稽遷於譙之銍縣，改爲嵇氏。取稽字之上，加山以爲姓，蓋以志其本也。一曰：銍有嵇山，家於其側，

遂氏焉。(《三國志·卷二一·王粲傳》注引)

王隱、虞預皆晉人,去嵇生未遠而述嵇氏改姓之說已有不同。然虞預之書多取自王隱之說,唐修《晉書·王隱傳》云:「(隱)父銓,少好學,有著述之志,每私錄晉事,及功臣行狀,未就而卒。隱以儒素自守,不交勢援,博學多聞,受父遺業,兩都舊事,多所諳究。太興初,典章稍備,乃召隱及郭璞俱為著作郎,令撰晉史。時著作郎虞預私撰《晉書》,而生長東南,不知中朝事,數訪於隱,並借隱所著書竊寫之,所聞漸廣。」,由是以觀,則隱、預同世,且預乃據隱著而成書,所謂後出轉精,則預之博採當勝於隱,然其述嵇氏之始末,仍游移若是。則知嵇康之本姓,為奚為嵇,實有蹊蹺焉。此事晉時已難確斷,至唐時修晉書則云:

嵇康字叔夜,譙國銍人也。其先姓奚,會稽上虞人,以避怨徙焉。

銍有嵇山,家於其側,因而命氏。(《晉書·嵇康傳》)

唐修《晉書》之說,顯然乃綜取王、虞之說而成,亦臆測之也。諸典籍中皆云避怨、改姓;然至何人始避怨改姓,則皆闕如也。且康之祖究為何人亦無片言隻字提及。近世學者嘗努力於斯矣,而不免一偏之見,未足以服人之心,其說解較合理,較為眾所推者,則侯外廬氏是也。今錄其說於下:

嵇氏的改姓,其理由可能有二:一、如傳統的說法,為了避怨。但避怨既已避地,又何必改姓?二、是為了本系賤姓,詭稱原來姓奚,因避怨才改成嵇的,其實嵇倒是本來的姓。賜姓命氏,本極堂皇,在中世紀初期,一定有微賤之族新發迹,為塗澤一下門面,而冒用了貴姓,或詭稱系由貴姓改成今姓的事。《三國志》注引《嵇氏譜》,述康先世僅舉其父兄,說「父昭字子遠,督軍糧治書侍御。兄喜字公穆,晉揚州刺史。」嵇喜所作康傳,則極其籠統地說:「家世儒學」。俱未舉出其先世有怎麼輝煌的人物。似從其父起,才發迹起來,這是很可疑的。按照一般的情形,如司馬遷自敍,直數遠祖自唐虞以上。兩漢書傳人物,多詳敍先世。魏晉以後,碑志中尤多此習……考康家居譙國,乃曹魏發迹之地,則自其父由賤族而攀附升騰,實極為可能之事。又考曹操的出身,也極模糊。《魏志》說:「曹騰養子嵩,嗣官至太尉,莫能審其生出本末。嵩生太祖。」……可見在曹魏興起之際,譙人以賤驟貴,原甚平常。數其父祖,俱不能舉。即在曹氏、夏侯氏猶然。而嵇康後來又以同鄉與魏宗室婚,其攀附

之迹尤顯。所以，我們認為嵇氏改姓及自會稽移徙一事是可疑的，他很可能本出寒素，指山為姓，乃詭稱移徙，由奚改姓。但因別無證據，這裡也只得存疑。〔註1〕

侯氏之說，似稍圓通。魏晉之世，以寒微入仕者，為飾門面，或詭稱避仇改姓，或自託同姓之望族以自貴，且有因出身寒微，難於本籍仕宦，故遠徙他郡落籍者。《晉書・趙至傳》云：「趙至字景真，代郡人也。寓居洛陽緱氏。令初到官，至年十三，與母同觀。母曰：『汝先世本非微賤，世亂流離，遂為士伍耳。爾後能如此不？』……後乃亡到山陽，求康不得而還；又將遠學，母禁之，至遂陽狂，走三五里，輒追得之。年十六遊鄴，復與康相遇，隨康還山陽，改名浚，字允元……乃向遼西而占戶焉……遼西舉郡計吏到洛，與父相遇，時母已亡，父欲令其宦立，弗之告，乃戒以不歸。至乃還遼西，幽州三辟部從事，斷九獄見稱精審。太康中以良吏赴洛，方知母亡。初至自恥士伍，欲以官學立名，期於榮養，既而其志不就，號憤慟哭，歐血而卒，時年三十七。」至傳云其欲遠學，母禁之而佯狂。又云向遼西占戶；既為吏，至洛遇父，時母已亡，父不以之告，且戒其勿歸。此皆與常理相迕者也。其所以然者，近人唐長孺氏以為：至本寒賤之士伍子弟，仕宦不易，故至佯狂而走，且改其名。其後避地至遼西落籍，始脫離士伍而入仕。後至雖於洛遇父，而父戒以勿歸者，乃欲其「宦立」也。蓋若歸省，則人識其出乎寒微之士伍矣。〔註2〕於至之事，可見彼時寒微仕宦之不易矣。

由是言之，康之家世殆亦寒微。康族之所以興，殆因其父嘗從曹操征戰，故而驟貴。魏初譙人以賤驟貴者其眾。《通鑑・魏紀文帝黃初元年》云曹操死後，軍中騷動：「或言：『宜易諸城守，悉用譙沛人。』魏郡太守廣陵徐宣厲聲曰：『今者遠近一統，人懷效節，何必專任譙沛，以沮宿衛者之心。』乃止。」曹氏為沛國譙人。觀是，則知曹魏之興，譙沛鄉人以賤驟貴者必眾也。嵇家既貴之後，為飾門面，故而攀引譙國之郡姓世族——奚，〔註3〕詭稱本亦奚姓，以避怨而改姓耳。

〔註1〕侯著《中國思想通史》第三冊第五章第一節〈嵇康在文獻上的身世消息及其著述考辨〉。

〔註2〕唐氏之說見其所撰之《魏晉南北朝史論叢》，〈晉書趙至傳中所見的曹魏士家制度〉。

〔註3〕《通志・氏族略》以名為奚氏條曰：『望出譙國。』；又，《姓觿》卷二奚姓云：「譙郡族。」，故知奚姓為譙國之郡姓大族也。

二、父兄與譜系

　　嵇氏既爲新興之族，故典籍所載，僅至康之父兄。其祖以上之先世，載記皆闕而不錄焉。今欲論其家世，亦僅能就康之父兄與其冑裔而言耳。

　　《三國志‧王粲傳》注引《嵇氏譜》：

　　康父昭，字子遠，督軍糧治書侍御史。兄喜，字公穆，晉揚州刺史宗正。

　　《文選‧卷二三‧幽憤詩》注引《嵇氏譜》云：

　　康兄喜，字公穆，歷徐、揚州刺史、太僕、宗正卿。母孫氏。

　　《晉書‧嵇紹傳》云：

　　嵇紹字延祖，魏中散大夫康之子也……（紹）長子眕，有父風，早夭，以從孫翰襲封。成帝時，追述紹忠，以翰爲奉朝請。翰以無兄弟，自表還本宗……於是復以翰孫曠爲弋陽侯。

　　《晉書‧嵇含傳》：

　　含字君道。祖喜，徐州刺史。父蕃，太子舍人。

綜上所述，茲將嵇氏譜系圖表於下：

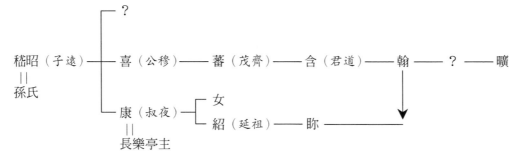

　　嵇氏譜系，典籍所述，闕而不完。是以本表所列，亦疑而未敢定也。綜歸之，載籍所記，其疑而難明者，約有數事焉：一爲康之兄究有幾人？一爲由喜而蕃而含，史有明載，然翰是否爲含子，史無明文。一爲紹子除眕而外，是否有他子息。茲分述如下：

1. 嵇康之兄究有幾人

　　嵇康之詩自云尙於襁褓，其父即亡。故知康必無弟也。嵇康之〈幽憤詩〉云：

　　嗟余薄祜，少遭不造，哀煢靡識，越在襁褓，母兄鞠育，有慈無威，恃愛肆姐，不訓不師。

又，〈與山巨源絕交書〉：

> 少加孤露，母兄見驕，不涉經學。

觀上之述，如康於襁褓即為孤兒，以母兄之鞠育而成人。然諸籍所載，僅知康兄名喜字公穆，而不見尚有其他兄長。是以歷來學者，率以鞠育康成人之兄為嵇喜。康兄惟喜一人而已。清儒孫星衍、洪瑩二氏云：「嵇康詩：『母兄鞠育，有慈無威。』，則康乃少孤，為其兄公穆所育。」，〔註4〕然此說實有可疑者焉。何者？嵇詩云：「越在襁褓，母兄鞠育。」則弟兄之年齡當相去甚遠也。據情而言，弟於兄除友于之愛之外，當必有類於父子之畏敬在。然《嵇康集》，康與秀才互贈詩，康重「貴得肆志，縱心無悔。」，喜尚「出處因時資，潛躍無常端。」，雖出處之心有別，而詩則盈滿友于親愛之情。若康果育於喜，則康於喜之情，必畏敬甚於親愛也。且康友呂安亦未必敢以「凡鳥」妄戲之矣（《世說・簡傲篇》）。再者，康入獄之後，喜嘗探視；康臨刑，向之索琴而彈。《文選・向子期思舊賦》注引《文士傳》云：「嵇康臨死，顏色不變，謂兄曰：『向以琴來否？』兄曰：『已來。』，康取調之，為太平引，曲成，歎息曰：『太平引絕於今日邪？』」。又，喜嘗為康作傳，《三國志・王粲傳》裴注所引者是也。漢魏風習，為人立傳，必不於其生時，故知康傳必撰於康亡之後也。由上種種，皆知嵇康先其兄喜而亡也，又，〈思親詩〉云：

> 感鞠育兮情剝裂，嗟母兄兮永潛藏……念疇昔兮母兄在，心逸豫兮
> 壽四海。忽已逝兮不可追，心窮約兮但有悲。

又，〈與山巨源絕交書〉云：

> 吾新失母兄之歡，意常悽切。

據此二文而觀，鞠育康之兄長，必先康而亡，其不為喜也甚明。故知康非育於喜，喜之上，康必另有一長兄在。竊疑康、喜年相近，友于對情較篤，且較狎習；康於長兄則愛敬兼之，非若喜之比也。長兄死於康前，喜則歿於康後。載籍唯述喜，故世人誤以為康養於喜耳。

　　至若史籍載記何以無片言隻字言及康長兄及其後嗣者，則殆此兄無功業可述。再者，依嵇家數世皆單傳而言，則此兄殆亦死後嗣絕；抑殆因後嗣不善而不見載述也。《魏志・王粲傳》注引《魏氏春秋》云：「大將軍嘗欲辟康，康既有絕世之言，又從子不善，避之河東，或云避世。」，康之從子，史籍所載者有嵇蕃字茂齊者，其人載籍有述，非不善者。則疑此不善之從子或為長

────────────

〔註4〕參見《元和姓纂》卷三嵇姓譙郡銍縣條，孫、洪二氏校語。

兄之子。抑或康除喜與長兄而外，另有他兄邪？則疑不能明耳。

2. 嵇翰是否為含子

　　嵇含爲喜之孫，蕃之子，紹之從子。由喜而蕃而含，史有明立，然翰是否爲含子則無顯證。《晉書・嵇紹傳》云：「以（紹）從孫翰襲封……翰以無兄弟，自表還本宗。」，含爲紹從子，而翰爲紹從孫，則含之於翰乃諸父輩也。再者，《晉書・紹傳》云：「紹誕於行己，不飾小節，然曠而有檢，通而不雜，與從子含等五人共居，撫卹如所同生。」，紹與含共居，撫卹如所同生，則紹、含之情必甚密。紹死絕後，以含子襲封乃甚爲可能之事。故竊以爲翰爲含之子，然亦可能爲不知名之長兄之後嗣。此乏有力之佐證，亦疑而難明也。

3. 紹子除眕而外，是否有他子息之事

　　《晉書・紹傳》云：「（紹）長子眕有父風，早夭，以從孫翰襲封。」，古今習尚，若其人唯有一子，則不云「長子某」。作「長子」者，乃言其子息非一也。既子息非一，則紹殉節後，其位當由子繼，而不當以從孫翰襲封。故知《晉書》所載有二可能之情況存焉。一爲《晉書・紹傳》之「長」字乃衍文也。紹除眕外無他子。一爲紹雖有他子，然亦皆早夭，故紹死以後從孫襲封。此亦疑而難明者也。

第二節　生平事蹟

一、生卒年月

　　康之生卒年月，歷來學者爭訟紛紜，晉人干寶、孫盛、習鑿齒之流，皆以爲康死於正元二年。陳壽撰《三國志》，則以爲卒於景元中。此事裴松之嘗詳論之，今轉錄其說如下：

> 臣松之案：本傳云康以景元中坐事誅，而干寶、孫盛、習鑿齒諸書，皆云正元二年，司馬文王反自樂嘉，殺嵇康、呂安。蓋緣《世語》云康欲舉兵應毌丘儉，故謂破儉便應殺康也。其實不然。山濤爲選官，缺舉康自代，康書告絕，事之明審者也。案濤行狀，濤始以景元二年除吏部郎耳。景元與正元相較七、八年，以濤行狀檢之，如本傳爲審。又〈鍾會傳〉亦云會作司隸校尉時誅康；會作司隸，景元中也。干寶云呂安兄巽善於鍾會，巽爲相國掾，俱有寵於司馬文

王，故遂抵安罪。尋文王以景元四年鍾、鄧平蜀後，始授相國位，
若巽爲相國掾時陷安，爲得以破毋丘儉年殺嵇、呂？此又干寶之疏
謬，自相違伐也。（《三國志‧王粲傳》注）

觀裴氏之說，則知康當死於景元中無謬也。然景元有四年，景元中究爲何年
耶？裴氏既云景元二年山濤始除吏部郎，則誅康當於二年後。《通鑑》以爲景
元三年誅康，明‧郎瑛，清‧吳荷屋，近人侯外廬、姜亮夫諸人亦從《通鑑》
之說。《通鑑‧卷七八‧魏紀十元帝景元三年》云：

會因譖：「康嘗欲助毋丘儉，且安、康有盛名於世，而言論放蕩，害
時亂教，宜因此除之。」昭遂殺安及康。

又，郎瑛《七修類稿》云：

嵇康，魏人，鍾會憾之，譖於司馬昭，欲助毋丘儉而殺之。實景元
三年事，未嘗一日事晉。晉史有傳，唐之羞也。使以當一心晉而傳
之，無是理也。傳中云：「山濤將去選官，舉康自代。」夫濤爲吏部
辭官時，武帝受禪後事也。康死久矣。史可信耶？〔註5〕

《通鑑》與郎瑛之說既如上，吳荷屋之說則見其所編之《歷代名人年譜》，姜
亮夫說見其《歷代名人年里碑傳總表》，侯氏說見《中國思想通史》。上述諸
說皆主景元三年。然《通鑑》是說不云所據，是否別有所見，疑未能明也。
故近人戴明揚氏以爲康死於景元四年（見《嵇康集校注》）。其說實有可採者，
何者？景元二年濤始除吏部郎，康與濤絕交當在是年或稍後一年。〈絕交書〉
云：「前年從河東還，顯宗阿都說足下議以吾自代。」，此云前年濤舉康自代，
又作〈絕交書〉之時，康子紹爲八歲，女年十三。晉書云紹十歲而孤，若晉
書十歲爲確數而非取其成數，則康之死當去作〈絕交書〉時二年。設康以景
元二年濤除吏部時作書與絕交，則康之誅當於景元四年。然此推測亦有可疑
者焉。何者？蓋鍾會之譖康，乃爲司隸校尉之時。景元四年會伐蜀時，時已
拜鎮西將軍矣。以是言之，則康之見誅當於三年時矣。三年、四年皆可言之
成理，然則康究見誅於何年耶？史籍所載既矛盾若是，後學者亦疑而難明焉。
今以三年之說出自《通鑑》，司馬博采，或不我欺，且宋去晉尚近，典籍仍多。

〔註5〕 《魏志‧王粲傳》注引《魏氏春秋》云：「及山濤爲選曹郎，舉康自代，康答
書拒絕，因自說不堪流俗，而非薄湯武。」，又裴松之云：「案濤行狀，濤始
以景二年除吏部郎耳。」，則知濤之舉康爲初除選郎時，非武帝受禪後之辭吏
部也。

故本文及文後所附嵇康之年表，則仍從司馬氏景元三年誅康之說也。

康既於三年見誅，而《晉書》本傳云其死時年四十，由是而推，則康之生平，當在魏文帝黃初四年。〔註6〕

二、生平事蹟

嵇康之事蹟，史籍、類書皆多所纂述，然率皆吉光片羽，且眞僞參半。其最可信，且爲最早之記述，則爲康兄喜所撰之康傳也。《三國志・王粲傳》注嘗引之，今轉錄之於下：

> 家世儒學，少有儁才，曠邁不群，高亮任性，不脩名譽，寬簡有大量。學不師授，博洽多聞。長而好老、莊之業，恬靜無欲。性好服食，嘗採御上藥。善屬文論，彈琴詠詩，自足於懷抱之中。以爲神仙者，稟之自然，非積學所致。至於導養得理，以盡性命，若安期、彭祖之倫，可以善求而得也；著〈養生篇〉。知自厚者所以喪其所生，其求益者必失其性。超然獨達，遂放世事，縱意於塵埃之表。撰錄上古以來聖賢、隱逸、遁心、遺名者，集爲傳贊。自混沌至於管寧，凡百一十有九人。蓋求之於宇宙之內，而發之乎千載之外者矣。故世人莫得而名焉。

嵇喜所撰之傳雖較可信，然所言者僅及康之學品耳。於其行跡，則闕而不言。其後唐修《晉書》，博采諸家說，而爲康立傳。其中所存康之行儀較多，較可觀其一生焉。故亦轉錄之於下：

> 嵇康字叔夜，譙國銍人也。其先姓奚，會稽上虞人，以避怨徙焉。銍有嵇山，家於其側，因而命氏。兄喜，有當世才，歷太僕宗正。康早孤，有奇才，遠邁不群。身長七尺八寸，美詞氣，有風儀，而土木形骸，不自藻飾，人以爲龍章鳳姿，天質自然。恬靜寡欲，含垢匿瑕，寬簡有大量，學不師受，博覽無不該通。長好老莊。與魏宗室婚，拜中散大夫。常侍奏性服食之事，彈琴詠詩，自足於懷。以爲神仙稟之自然，非積學所得，至於導養得理，則安期、彭祖之倫可及，乃著〈養生論〉。又以爲君子無私。（中略），蓋其胸懷所寄，

〔註6〕清人吳荷屋《歷代名人譜》雖主康生魏文帝黃初四年，卒於常道鄉公景元三年，年四十之說；然於卷末附存疑及生卒年月無考則云：「嵇叔夜一作生於建安二十四年，己亥，年四十四。」，吳氏一作四十四之說不知何據？

以高契難期，每思郢質。所與神交者，惟陳留阮籍，河內山濤。豫
其流者，河內向秀、沛國劉伶、籍兄子咸，琅邪王戎，遂爲竹林之
游，世所謂竹林七賢也。戎自言與康居山陽二十年，未嘗見其喜慍
之色。康嘗採藥，游山澤，會其得意，忽焉忘反。時有樵蘇者遇之，
咸謂神。至汲郡山中，見孫登，康遂從之游。登沈默自守，無所言
說。康臨去，登曰：「君性烈而才儁，其能免乎？」，康又遇王烈，
共入山，烈嘗得石髓如飴，即自服半，餘半與康，皆凝而爲石。又
於石室中見一卷素書，遽呼康往取，輒不復見。烈乃歎曰：「叔夜趣
非常，而輒不遇，命也。」，其神心所感，每遇幽逸如此。山濤將去
選官，舉康自代，康乃與濤書告絕。（中略），此書既行，知其不可
羈屈也。性絕巧而好鍛，宅中有柳樹甚茂，乃激水圜之，每夏月居
其下以鍛。東北呂安服康高致，每一相思，輒千里命駕，康友而善
之。後安爲兄所枉訴，以事繫獄，辭相證引，遂復收康。康性慎言
行，一旦縲紲，乃作〈幽憤詩〉。（中略）初康居貧，嘗與向秀共鍛
於大樹之下，以自贍給。穎川鍾會，貴公子也，精練有才辯，故往
造焉。康不爲之禮，而鍛不輟，良久，會去。康謂曰：「何所聞而來？
何所見而去？」會曰：「聞所聞而來，見所見而去。」，會以此憾之。
及是，言於文帝曰：「嵇康臥龍也，不可起，公無憂天下，顧以康爲
慮耳。」，因譖康「欲助毋丘儉，賴山濤不聽。昔齊戮華士，魯誅少
正卯，誠以害時亂教，故聖賢去之。康、安等言論放蕩，非毀典謨。
帝王者所不宜容，宜因釁除之，以淳風俗。」，帝既昵聽信會，遂并
害之。康將刑東市，太學生三千人請以爲師，弗許。康顧視日影，
索琴彈之，曰：「昔袁孝尼嘗從吾學〈廣陵散〉，吾每靳固之。〈廣陵
散〉於今絕矣。」時年四十。海內之士莫不痛之。帝尋悟而恨焉。
初康嘗游乎洛西，暮宿華陽亭，引琴而彈。夜分忽有客詣之，稱是
古人，與康共談音律，辭致清辯，因索琴彈之，而爲〈廣陵散〉，聲
調絕倫，遂以授康，仍誓不傳人，亦不言其姓字。康善談理，又能
屬文，其高情遠趣，率然玄遠，撰上古以來高士，爲之傳贊，欲友
其人於千載也。又作〈太師箴〉，亦足以明帝王之道焉。復作〈聲無
哀樂論〉，甚有條理。子紹，別有傳。

康襁褓喪父，母兄鞠育而成人，雖家世儒學，然彼時清談轉盛，加之政局多

變，人命無常，養生神仙之思易起，是以嵇康長而好老莊，且耽於道教養生修鍊之說，嘗著〈養生論〉以明長生之可求。又嘗入山採藥，並與王烈、孫登游，著〈高士傳〉以明其志。何、王亡後，康爲時輩所推，儼然一代文宗，與阮籍、山濤、向秀、王戎、劉伶、阮咸之徒，時於竹林下酣游，世稱竹林七賢，而七賢游處，乃以嵇康居止之山陽爲中心也。《世說新語》載向秀、王戎、呂安諸人皆嘗長與康共處山陽。《晉書・向秀傳》云秀作〈難養生論〉，旨在「發康高致」。《世說・文學》言鍾會撰〈四本論〉，欲使嵇康一見，畏其難，故遙擲急走。《晉書・趙至傳》云至追隨康多年。又康死時，太學生三千人請以爲師。此皆康爲時輩所推之證也。然康才高性烈；才高則難契，性烈則不爲世所容。初以向魏長樂亭主之故，拜中散大夫。何、王誅後，王室之權日去，康初欲結時賢以隱避抗司馬之徵召，後終爲司馬所脅迫而不遂。高貴鄉公正元二年，毌丘儉、文欽起兵討司馬氏，康欲舉兵應之，以山濤之諫而止。後毌丘儉兵敗被殺，事雖未累及康，然釁隙則已生矣。時司馬篡逆之謀已形，湯武鼎革之事漸明；欲藉周孔名教以行禪讓之事，而康作書與山濤云：「老子、莊周，吾之師也。」，又云：「每非湯武而薄周孔。」，康顯以自然抗司馬之名教，且不齒其藉周孔以行篡弒也。故書行而司馬昭怒。其後呂安事發，鍾會乃勸昭因此而誅康。《三國志・王粲傳》注引《魏氏春秋》云：「初康與東平呂昭子巽及巽弟安親善。會巽淫安妻徐氏，而誣安不孝，囚之，安引康爲證，康義不負心，保明其事，安亦至烈，有濟世志力，鍾會勸大將軍因此除之，遂殺安及康。」，鍾會之譖實僅爲導火線，非昭殺康之主因也。康、安之所以亡者，正因其至烈，且有「濟世志力」，復不滿司馬氏所爲，故司馬昭藉此而誅之耳。不然不孝之罪，何及於誅？況康乃旁證之人耳。康之〈幽憤詩〉云：「咨余不淑，嬰累多虞。匪降自天，實由頑疎。理弊患結，卒致囹圄。對答鄙訊，縶此幽阻。實恥訟冤，時不我與。」，觀乎「實恥訟冤，時不我與」之語，則康之心跡可見矣。昭之除康乃勢所必然者也。不然，鍾會之譖亦何能爲力焉。

康之行蹟，概如上述，至其或有未盡者，則條析分述於下：

（一）康與儒學

嵇喜爲康作傳，云其家世儒學。《隋書・經籍志》亦嘗載康所著之《春秋左氏傳音》，此書今佚，雖隻言片語偶見，難以概窺嵇氏之學。然亦可略知康嘗黽力於斯矣。況康嘗游太學，且於其中寫石經古文。《世說新語・言語篇》

注引嵇紹〈趙至敘〉云：「（至）年十四，入太學觀。時先君（康）在學寫石經古文。事訖去，（至）遂隨車問先君姓名。」，據是則知康〈與山巨源絕交書〉所云：「加少孤露，母兄見驕，不涉經學。」，乃謙辭耳，非實然也。再者，《世說·雅量篇》云：「嵇中散臨刑東市，神氣不變，索琴彈之，奏〈廣陵散〉，曲終，曰：『袁孝尼嘗請學此散，吾靳固未與，〈廣陵散〉於今絕矣！』太學生三千人上書請以為師，不許。文王亦尋悔焉。」，《晉書》本傳云：「康將刑東市，太學生三千人請以為師，弗許。」，此亦可見康與太學之款密矣。觀是，故知康雖每非湯武而薄周孔，實未嘗廢儒業也。其所以非湯武薄周孔者，殆以政治因素之故，非純為學術之爭也。

（二）康與道家、道教

　　道家之學至何、王而一變，然何、王僅及易、老，重在調節儒道，遂至經學玄學化。何晏之注《論語》，其影響之跡尚可見焉。其後嵇、阮繼起，始繼其流而揚其波，於是老莊遂與周孔並列而爭席矣。康為時輩所宗，向秀注《莊》，嘗以之問康。《世說新語·文學篇》向秀注莊條，注引《秀別傳》云：「秀與嵇康、呂安為友，趣舍不同。嵇康傲世不羈，安放逸邁俗，而秀雅好讀書，二子頗以此嗤之。後秀將注《莊子》，先以告康、安。康、安咸曰：『此書詎復須注？徒棄人作樂事耳。』及成，以示二子，曰：『爾故復勝否？』，康、安驚曰：『莊周不死矣。』」，觀是言，則知康之於莊學，乃重神解而少加意於訓詁章句也。然秀之注莊，受惠於康者實多，此將於本文第六章中論及。且康之玄論，所以為過江後清談之主題者，蓋亦緣其得莊生得意忘言之神趣也。惜康未能物我俱遣，故或心聲二元，或仙凡對立，好生惡死，以有為為無為。未若莊生之齊生死、等成敗、物我雙遣、人境俱泯也。而其所以然者，蓋以其既好老莊，又囿於道教故也。是以康雖倡言老莊自然，然卻不能謹守老子「益生曰殃」，（註7）莊生生死為一體、生寄死歸之遺訓，而餌藥服食以求長生。康〈與山巨源絕交書〉云：「又聞道士遺言，餌朮黃精，令人久壽，意甚信之。」，道教重長生求不死，康既信斯事，故時與王烈之徒入山採藥；又著〈養生論〉，以為神仙稟氣異常，無此氣稟者，難以學得。然導養得理，以盡性命，則上可千餘歲，下可數百年也。嵇生之學既如此，故效莊生之曠達，著論以駁張遼叔之〈自然好學論〉。以為六經未必為太陽，不學未必為長

〔註7〕《老子》第五十五章各本作「益生曰祥」，陳柱以為祥應作殃，易順鼎以為祥即不祥。

夜。以爲「今之學者，豈不先計而後學邪？苟計而後動，則非自然之應也。」，
且康既耽於道教，故信安宅、葬埋、陰陽、度數、忌祟之事。是以著論以駁
張遼叔之〈宅無吉凶攝生論〉。以爲宅有吉凶，然獨宅不能致禍福。「猶夫良
農既懷善藝，又擇沃土，復加耘耔，乃有盈倉之報耳。」。卜宅雖吉而功不獨
成，此相須之理誠然也。有吉宅而復善修其身，始可致福。魏世老莊之學盛
行，然混道教於老莊者，殆以嵇康爲第一人焉。

（三）康與政爭

　　康之入仕，不知始於何時。《世說‧德行篇》王戎與康居二十年條，注引
《文章敘錄》云：「康以魏長樂亭主壻，遷郎中，拜中散大夫。」又《晉書》
本傳云：「與魏宗室婚，拜中散大夫。」，二者皆將尙主與拜官相牽連，由是
則知康之入仕，殆與尙王之事有關。然康所尙者，究爲何人之女，則說或不
一。《文選‧恨賦》注引王隱《晉書》云：「嵇康妻魏武帝孫穆王林女也。」，
《魏志‧沛穆王林傳》注引《嵇氏譜》云：「嵇康妻，林子之女也。」，一云
林女，一云林子之女，未知孰是。今案何晏妻爲金鄉公主，公主與沛穆王林
皆爲魏武之妃杜夫人所生，何晏與嵇康年歲相去不遠，晏既尙林之姊妹金鄉
公主，則林子林女年歲當亦不大，縱有孫女，其稚可知，焉能配康。故知康
所尙者乃沛王林之女長樂亭主，而非林子之女也。

　　康既以尙主拜官，然前此是否嘗入仕則史不明載，無可據知。今若以〈絕
交書〉所云：「女年十三，男年八歲」推之。設若〈絕交書〉作於景元元年（說
見第三章），則尙主與拜官，當皆於曹爽、何晏當權之正始年間。曹、何誅後，
亦無康再仕之記載。晏妻爲沛王姊妹，康妻爲沛王女，又康父乃追隨曹氏而
興者，觀此數事，則知康爲曹、何之黨無疑。魏晉之際，名士率爲司馬脅迫
而叛魏助晉，康所以至死不渝，忠心於曹者，良有以也。

　　曹魏自明帝崩後，曹、何柄政，嘉平元年，司馬懿舉兵誅曹、何，自是
政局多故。曹、何見誅，康是否嘗預其事，文獻闕漏，無可考之。其後嘉平
三年，太尉王凌舉兵欲誅司馬氏，事敗見誅。正元元年司馬師殺李豐、夏侯
玄、張緝諸人，皆夷三族。是年，司馬師廢帝爲齊王，立高貴鄉公髦。王凌
與李豐起事之時，康年已而立，七賢之游竹林，當是此時，然此二事，康是
否預之亦不可知。吾人若據康與曹氏之關係，與其往後之言行觀之，則康殆
不爲局外之人也。

　　至若史有明載康所涉及之政爭者，則毌立之事是也。正元二年，毌丘儉、

文欽舉兵反，表列司馬師十一罪狀，[註8] 康嘗欲舉兵助之。《三國志・王粲傳》注引《世語》云：「毌丘儉反，康有力，且欲起兵應之，問山濤，濤曰：『不可。』儉亦已敗。」又，《晉書》本傳載鍾會譖康云：「嵇康臥龍也，不可起。公無憂天下，顧以康爲慮耳。因譖康欲助毌丘儉，賴山濤不聽。昔齊戮華士，魯誅少正卯，誠以害時亂教，故聖賢去之。康、安等言論放蕩，非毀典謨，帝王所不宜容，宜因釁除之，以淳風俗。」，由是觀之，毌丘儉之反，康嘗預焉。其後事敗，毌丘儉被殺，文欽奔吳。而司馬氏所以不因此誅康者，則殆康之學行領袖群倫，反形未著，且無雄厚之實權以爲司馬之患，然亦殆爲康之於司馬或尚有可資利用之價值，抑或司馬不欲一時誅戮太過，致使名士惶懼生變也。文欽之子鴦、虎皆可苟全，司馬氏之用心亦可見矣。毌、文之役，由康之文中亦可略窺其事。康之〈管蔡論〉深爲管蔡致辯，以爲成王嗣立，周公柄政，邵奭不悅，「推此言之，則管蔡懷疑未爲不賢，而忠賢可不達權，三聖（文、武、周公）未爲用惡，而周公不得不誅。」，管蔡見皇權日去，不滿周公之專權，是以舉兵而叛，究其用心實忠賢之流，非是叛逆之徒也。文中之管蔡，顯乃影射毌丘儉，文欽之事（詳見第三章著述考）。此康反司馬氏之彰明較著者也。

康既反司馬，故自司馬柄政，康乃結時賢以隱退抗司馬氏徵召，近人侯外廬氏於《中國思想通史》第三冊第五章云：

> 嵇康在河內，與阮籍、山濤、王戎等周旋，所謂竹林七賢這一種任達放誕的風氣，便是在這裡形成的……則七賢所傲嬉的竹林，所謂「把臂入林」的竹林，即在河內。而所以要任達放誕，住在山陽，據《三國志》注引《魏氏春秋》，則是爲了拒絕司馬氏的辟召。「大將軍嘗欲辟康，康既有絕世之言，又從子不善，避之河東，或云避地。」，則這一種避世放誕的行爲蔚成一種風氣，乃是消極的使司馬氏無從辟召，抽空司馬氏的政治班底，使它的力量無由壯大的一種不合作行爲。在這一風氣下，以七賢爲中心，團結了好些人物。如呂安、趙至等都是七賢以外的人物，而與嵇康一道同風。

康既結時賢以隱退抗徵召，然司馬氏則以脅迫之方式，強迫時賢爲其所用。本文第一章所舉世說王導對明帝之言「宣王創業之始，誅夷名族，寵樹同己。」是矣。康才學既爲世望，固當爲司馬氏所致力爭取者也。《魏氏春秋》嘗言大

將軍欲辟康，康避之河東。又，郭遐周贈嵇康詩云：

> 「甘心好永年，年永懷樂康，我友不斯卒，改計適他方。嚴車感發日，翻然將高翔，雖別在旦夕，惆悵以增傷。」又云：「所貴身名存，功烈在簡書，年時已過歷，日月忽其除，勗哉乎嵇生，敬德以慎軀。」

又，郭遐叔贈康詩云：

> 「如何忽爾，將適他俗，言駕有日，巾車命僕。」又云：「如何忽爾，超將遠遊」、「如何君子，超將遠邁」又云：「願各保遐年，有緣復來東。」

此皆嵇康將遠適他方時，二郭所贈之詩也。詩中規諫康出仕立名，如此方能慎軀保生，然嵇生終不為司馬所用，故其於五言詩三首答二郭云：

> 寡智自生災，屢使眾釁成，豫子匿梁側，聶政變其形，顧此懷怛惕，慮在苟自寧。今當寄他域，嚴駕不得停……昔蒙父兄祚，少得離負荷，因疏遂成懶，寢迹北山阿，但願養性命，終己靡有他。良辰不我期，當年值紛華，坎懷趣世教，常恐嬰網羅……功名何足殉，乃欲列簡書，所好亮若茲，楊氏歎交衢，去去從所志，敢謝道不俱。

於此詩中「寡智自生災，屢使眾釁成，豫子匿梁側，聶政變其形……嚴駕不得停」，觀此數句，則嵇康之別二郭殆為避怨或避司馬氏之徵召而然。詩中且婉謝二郭之規勸，以為功名簡書則不足貴，故寧從所志也。嵇康之不欲出仕為司馬用，其意時溢於言表。康〈贈秀才入軍詩〉云：「含道獨往，棄智遺身，寂乎無累，何求於人？長寄靈岳，怡志養神。」又云：「身貴名賤，榮辱何在，貴得肆志，縱心無悔。」康詩顯係勸其兄勿仕也。而秀才之答詩則云：「達人與物化，無俗不可安，都邑可優遊，何必樓山原？孔父策良駟，不云世路艱，出處因時資，潛躍無常端，保心守道居，覿變安能遷。」，秀才之詩則勸康應出處因時，隨時局之變而變，不可固守愚誠也。康之心思既若此，禍患已兆，故其友如二郭、阮德如諸人皆勸其出仕，慎軀全生，阮德如云：「蟠龜實可樂，明戒在刳腸。」，康以靈龜自喻，而德如所答斯語，則似已預知康將及於誅矣。

康之立場既如此，故司馬氏之誅康乃遲早之事耳。再者，司馬氏既有貳心於曹，不可以忠治天下，為籠絡士民之心，是以司馬氏倡禮、孝，於是何曾、王祥以孝聞，而皆黨於司馬。名士既不滿司馬之徒，復恥何曾者流之虛飾阿諛，故崇自然，放蕩形骸以與名教相抗衡，此名教自然之爭之所由起也。且司馬既有問鼎之心，故標榜湯武周孔，以為禪讓之階。康既洞明其心，又

不慎其言，〈與山巨源絕交書〉直云：「每非湯武而薄周孔」，大將軍聞而大怒。遠怨近因，積憤難消，故司馬氏終借呂安事以除康矣。

（四）康之誅處

《晉書》本傳云康刑於東市，東市其處，典籍數載之，今錄之於下：

《藝文類聚‧卷三十九‧禮部社稷》，引戴延之《西征記》云：

> 洛陽建春門外迎道北，有白社，董威輦所住也。去門二里。白社有牛馬市，即嵇公臨刑處也。

又，《水經‧穀水注》云：

> 穀水又東屈，南逕建春門石橋下……水南即馬市，舊洛陽有三市，斯其一也。亦嵇叔夜爲司馬昭所害處也。

又，《太平寰宇記》卷三云：

> 《洛陽記》云：「大市名金市，在大城西南。羊市在大城南，馬市在大城東。」

又，《伽藍記‧卷二‧崇眞寺》云：

> 出建春門外一里餘，至東石橋，南北而行，晉太康元年造。橋西有魏朝牛馬市，刑嵇康之所也。

由是言之，則康見誅處乃洛陽建春門外之牛馬市也。

（五）康與〈廣陵散〉

《晉書‧康傳》、《世說‧雅量篇》、《三國志‧王粲傳》注引《康別傳》，皆云康臨刑東市，索琴而彈，奏〈廣陵散〉，曲終，曰：「袁孝尼嘗請學此散，吾靳固未與，廣陵散於今絕矣。」。然《世說‧雅量篇》注引《文士傳》及《文選‧向子期思舊賦》注引《文士傳》，則云康臨刑所奏者爲〈太平引〉。〈廣陵散〉與〈太平引〉，未知孰是？抑或一曲之二名耶？至若康之與〈廣陵散〉，典籍所載頗涉神怪，茲錄於後：

《太平御覽》卷五七九引《靈異志》云：

> 嵇中散神情高邁，任心游憩，嘗行西南出，去洛數十里，有亭名華陽，投宿，夜了無人，獨在亭中。此亭由來殺人，宿者多凶，至一更中，操琴先作諸弄，而聞空中稱善聲。中散撫琴而呼之曰：「君何以不來？」，此人便口云：「身是古人，幽沒於此數千年矣。聞君彈琴，音曲清和，故來聽耳。而就終殘毀，不宜以接侍君子。」向夜，

髣髴漸見，以手持其頭，遂與中散共論聲音，其辭清辯。謂中散：「君
試過琴。」，於是中散以琴授之，既彈，悉作眾曲，亦不出常，唯〈廣
陵散〉絕倫。中散纔從受之，半夕，悉得。與中散誓：「不得教他人，
又不得言其姓也。」

又，《北堂書鈔》卷一〇九、《藝文類聚》卷四四、《太平御覽》卷五七七及卷
八七〇，引裴子《語林》云：

嵇中散夜燈火下彈琴，有一人，面甚小，斯須轉大，遂長丈餘，黑
單衣草帶，嵇視之既熟，乃吹火滅曰：「恥與魑魅爭光。」

又，《太平御覽》卷六四四引裴子《語林》云：

嵇中散夜彈琴，忽有一鬼著械來，歎其手快，曰：「君一絃不調。」
中散與琴調之，聲更清婉。問姓名，不對。疑是蔡伯喈。伯喈將亡，
亦被桎梏。

又，《水經·洧水注》引司馬彪說云：

華陽，亭名。在密縣。嵇叔夜常採藥於山澤。學琴於古人，即此亭也。

上述皆云康夜宿華陽亭，遇鬼，而後始得〈廣陵散〉。是說之起，殆以嵇康為
竹林名賢，世所景仰，其所善之〈廣陵散〉，康亡後亦為絕響。世人既思慕其
人，復惜其不傳，故好事者造作是事以神其說耳。至乃散以廣陵為名之故，
世人亦嘗臆測之矣。《舊唐書·卷一二九·韓皋傳》云：

王陵都督揚州，謀立荊王彪。毌丘儉、文欽、諸葛誕，相繼為揚州
都督，咸有匡復魏室之謀，皆為懿父子所殺。叔夜以揚州故廣陵之
地，彼四人者皆為魏室文武大臣，咸敗散於廣陵，故名其曲曰〈廣
陵散〉。言魏散亡自廣陵始也。

又，宋朱長文《琴史》曰：

〈廣陵散〉之作，叔夜寓深意於其間，故其將死猶恨不傳。後之人
雖精得其音，而不知其意。更歷千載，而後得韓皋，可以無憾矣。

韓、宋之說，殆亦妄臆之耳。且韓皋以廣陵散之「散」，為敗散之散，恐亦非
真。近人戴明揚氏於〈廣陵散考〉嘗辯正其誤，以為散乃曲名，非敗散之意
也。又叔夜〈琴賦〉云：「若次其曲引所宜，則〈廣陵止息〉，〈東武太山〉；〈飛
龍鹿鳴〉，〈鵾雞遊絃〉，更唱迭奏，聲若自然……下逮謠俗，〈蔡氏五曲〉、〈王
昭楚妃〉、〈千里別鶴〉……。」，叔夜〈琴賦〉所云之曲名已有廣陵止息；蔡
氏五曲、王昭楚妃，則廣陵散殆為古曲，非創自嵇康也。殆以此曲久微，康

特善之，故袁孝尼嘗欲從之學也。康亡後，此曲亦絕。然後人思慕不已，故造作種種傳說，以為此曲未嘗絕也。《太平御覽》卷五七九引《世說》：

> 會稽賀思令善彈琴，嘗夜在月中坐，臨風鳴絃，忽有一人，形貌甚偉，著械，有慘色，在中庭稱善，便與共語，自云是嵇中散。謂賀云：「卿手下極快，但於古法未備。」因授以〈廣陵散〉，遂傳之於今不絕。」，案：此亦見於《太平廣記》卷三二四引《幽冥錄》。

事跡顯乃抄襲嵇叔夜彈琴遇鬼，因得〈廣陵散〉之事也。殆後人憫〈廣陵散〉不傳，造作新聲，託其曲名，懼不為世所諒，故附會其事，以流行之也。《通志·樂略·琴五十七曲廣陵散》注云：「嵇康死後，此曲遂絕，往往後人本舊名而別出新聲也。」，考叔夜所作琴曲，相傳有〈嵇氏四弄〉及〈風入松〉。宋僧居月《琴曲譜錄》云：「〈長青〉、〈短青〉、〈登高引望〉、〈長側〉，此四曲謂之嵇氏四弄，多貼蔡邕五絃，通為九天弄。」明鈔本《琴苑要錄》引《琴書》云：「〈秋聲〉、〈淥水〉、〈幽居〉、〈愁思〉、〈坐愁〉，以上蔡邕五弄。〈長青〉、〈短青〉、〈長側〉、〈短側〉，嵇氏四弄，通為九弄。」又，明朱權《神仙秘譜》三卷，首列〈廣陵散〉，共四十五拍，其名目有：「開指、止息、井里、申誠、順物、因時、干時、取韓、呼幽、亡身、作氣、含志、沈思、返魂、徇物、衝冠、長虹、寒風、發怒、烈婦、收義、揚名、含光、沈名、投劍……」，竟乃以聶政刺韓相事為拍名。叔夜亡後，造作紛如，四弄、廣陵之說，殆皆如《通志》之所云，乃後人本舊名而別出之新聲也。其與嵇氏〈廣陵散〉相去亦遠矣。然於此亦可見嵇氏為後人思慕之一斑矣。

第三節　交　遊

　　嵇康雖為譙人，然其一生率皆居於河內郡之山陽縣。《晉書·嵇康傳》：「戎自言與康居山陽二十年，未嘗見其喜慍之色。」，是康久居於山陽也。山陽而外，洛陽與鄴亦為康時往之處。《晉書·趙至傳》云康於洛陽寫石經，趙至「游鄴復與康相遇」，《世說·言語》注引《向秀別傳》：「與康偶鍛於洛邑。」，可見康一生之遊蹤乃以此四處為主也。鄴（河內郡）為魏宗室所居，〔註9〕洛陽

〔註9〕《三國志·卷二八·母丘儉傳》注引儉欽之表云：「（司馬師）合聚諸藩王公以著鄴，欲悉誅之，一旦舉事廢主，天不長惡，使目瞳不成，其罪十一也。」是鄴為魏宗室所居之地也。

係帝京所在，譙則爲曹氏龍興之地。山陽爲康所居，且爲時賢文士薈聚之所。康之遊處此四處，實與政爭有關焉。故其所與交往者，率皆爲棲退之士，且曾與康居處於山陽也。今據典籍所載，與游者約有下數人焉：阮籍、山濤、向秀、阮咸、劉伶、王戎（以上合嵇康爲七賢）、郭遐周、郭遐叔、呂安、阮種、孫登、王烈、張遼叔、阮德如、趙至、袁孝尼、公孫崇諸人。茲分述如下：

一、竹林七賢

《世說·任誕篇》云：「陳留阮籍、譙國嵇康、河內山濤，三人年皆相比，康年少亞之。預此契者：沛國劉伶、陳留阮咸、河內向秀、琅邪王戎。七人常集於竹林之下，肆意酣暢，故世謂『竹林七賢』。」，又《魏志·王粲傳》注引《魏氏春秋》云：「康寓居河內之山陽縣，與之游者，未嘗見其喜慍之色。與陳留阮籍、河內山濤、河南向秀、籍兄子咸、琅邪王戎、沛國劉伶相與友善，遊於竹林，號爲七賢。」，爲世人所艷稱之竹林七賢，其見載於典籍者如此。然七賢之名究始自何時，則後人說或不一。《世說新語·傷逝篇》云：

> 王濬沖爲尚書令，箸公服，乘軺車，經黃公酒壚下過，顧謂後車客：
> 「吾昔與嵇叔夜、阮嗣宗共酣飲於此壚。竹林之遊，亦預其末。自
> 嵇公夭，阮公亡以來，便爲時所羈紲。今日視此雖近，邈若山河！」

如《世說》所載此事爲可信，則七賢之稱，嵇、阮在世時已然矣。至若七賢游處之竹林究爲何處，則《藝文類聚》卷六四引郭緣生《述征記》云：

> 山陽縣城東北三十里，魏中散大夫嵇康園宅，今悉爲丘墟，而父老
> 猶謂嵇公竹林地，以時有遺竹也。

又，《水經·清水注》云：

> 又逕七賢祠東，左右筠篁列植，冬夏不變貞蓑，魏步兵校尉陳留阮籍、
> 中散大夫譙國嵇康、晉司徒河內山濤、司徒琅邪王戎、黃門郎河內向
> 秀、建威參軍沛國劉伶、始平太守阮咸等，同居山陽，結自得交遊，
> 時人號之爲竹林七賢。向子期所謂山陽舊居也，後人立廟於其處。廟
> 南又有一泉，東南流，注於長泉水。郭緣生《述征記》所云：「白鹿
> 山東南二十五里有嵇公故居，以居時有遺竹焉。」蓋謂此也。

觀上之述，則七賢所游處之竹林，乃嵇康山陽之故居，亦即向秀〈思舊賦〉所云：「余逝將西邁，經其舊廬。」之舊廬也，秀賦復云：「於時日薄虞淵，

寒冰淒然，鄰人有吹笛者，發聲寥亮，追思曩昔遊宴之好，感音而歎，故作賦云。」，可知七賢常於山陽康舍歡處游宴，而康則儼然爲七賢之領袖矣。

觀上之述，竹林七賢之名，始自嵇、阮之世，七賢不僅實有其人，且亦實有竹林其地。然此說，後世疑之者甚多。何者？今述之於下：

《世說・文學篇》云：

> 袁彥伯（宏）作名士傳成，見謝公。公笑曰：「我嘗與諸人道江北事，特作狡獪耳；彥伯遂以著書。」注云：「宏以夏侯太初、何平叔、王輔嗣爲正始名士；阮嗣宗、嵇叔夜、山巨源、向子期、劉伯倫、阮仲答、王濬沖爲竹林名士；裴叔則、樂彥輔、王夷甫、庾子嵩、王安期、阮千里、衛叔寶、謝幼輿爲中期名士。」

又，《世說・傷逝篇》王濬沖條注引《竹林七賢論》云：〔註10〕

> 俗傳若此，穎川庾爰之嘗以問其伯文康；文康云：「中朝所不聞，江左忽有此論，蓋好事者爲之耳。」

觀上之說，則竹林七賢之名似起自渡江後，乃後人追加之詞，非本然也。故近人陳寅恪先生以爲：

> 竹林七賢，清談之著者也。其名七賢，本《論語》賢者避世，作者七人之義。乃東漢以來，名士標榜事數之名，如三君、八廚、八及之類。後因僧徒格義之風，始比附中西，而成此名；所謂「竹林」，蓋取義於內典（Lenuyena），非其地眞有此竹林，而七賢遊其下也。
>
> 水經注引竹林古蹟，乃後人附會之說，不足信。」〔註11〕

陳氏之說，似能言之成理，1965 年 8 月出版之文物嘗載有南京四善橋東晉墓磚，上刻竹林八賢圖，則以嵇康、阮籍、山濤、向秀、劉靈、王戎、阮咸、榮啓期八人爲竹林八賢也。伶字或作靈者，《文選・向秀思舊賦》注引臧榮緒《晉書》亦然，則殆音同故也。又《世說・文學篇》云謝萬作〈八賢論〉，注引《中興書》云萬之所謂八賢，則漁父、屈原、季主、賈誼、楚老、龔勝、孫登、嵇康是也。由是觀之，則七賢、八賢之說似與建安七子同，乃聊加組合之詞耳，非彼輩所自稱也。

上述二說各異，而皆能自圓。然竊以爲漢末月旦品評人物之風興，名士率相互標榜，《後漢書・黨錮傳》云漢末名士有三君、八後、八顧、八及、八

〔註10〕《隋志》載有戴逵《竹林七賢論》二卷。《世說》所引殆亦爲逵作。

〔註11〕參見《星島》文史副刊，民國 38 年 8 月 16 日版。

廚，猶古有八元、八凱也，此風至魏未泯，《通鑑·魏紀明帝太和四年》云：「尙書琅邪諸葛誕、中書郎南陽鄧颺等，相與結爲黨友，更相題表，以散騎常侍夏侯玄等四人爲四聰，誕輩八人爲八達。玄，尙之子也。中書監劉放子熙，中書令孫資子密，吏部尙書衛臻子烈三人咸不及比，以其父居勢位，容之爲三豫。」，皆時輩自相標榜者也。康既以隱退抗司馬氏之徵召，則其與時賢遊宴竹林、好淸談、尙自然，以七賢之名相標榜，實乃爲甚可能之事也。若此推測屬實，則七賢之說不自渡江始也。至若七賢之名究取何義，則或如陳氏作者七人之義，然乏確證，聊臆測之耳。

綜上所述，七賢之說，一曰後人追加之名，一爲時賢之自相標榜。然不論如何，此七人皆嘗共於一處游宴則斷可知。《世說·排調篇》云：「嵇、阮、山、劉在竹林酣飲，王戎復往；步兵曰：『俗物已復來敗人意！』王笑曰：『卿輩意，亦復可敗邪？』」，《世說·賢媛篇》云：「山公與嵇、阮一面，契若金蘭。山妻韓氏，覺公與二人異於常交，問公。公曰：『我當年可以爲友者，唯此二生耳。』……」又，王戎與康居山陽二十年，秀與康偶鍛於洛邑，阮咸爲籍兄子，伶爲籍之酒友。七人既時相宴游，且皆以康居之山陽爲聚宴之所，而康既不齒司馬所爲，其結時賢以標榜隱退，自是可信之事。

至若七賢之共遊竹林，究其始，殆嘉平元年以後之事。是年，司馬懿誅曹爽、何晏、鄧颺諸人，並夷三族。又前此一年，王戎年十五，始見知於阮籍。《世說·簡傲篇》注引《晉陽秋》云：「戎年十五，隨渾在郎舍，阮籍見而說焉。每適渾，俄頃，輒在戎室，久之，乃謂渾：『濬冲清尙，非卿倫也。』」，故知七賢之共遊竹林當自嘉平以後方始耳。

二、孫登、王烈

《晉書》本傳言康嘗從孫登游，又與王烈入山採藥。孫登《晉書》有傳，烈則事跡較難明。《晉書·卷九四·隱逸傳》云：

> 孫登字公和，汲郡共人也。無家屬，於郡北山爲士窟居之。夏則編草爲裳，冬則被髮自覆。好讀易，撫一絃琴，見者皆親樂之。性無恚怒，人或設緒水中，欲觀其怒，登既出，便大笑。時時游人間，所經家或設衣食者，一無所受，辭去皆捨棄。嘗往宜陽山，有作炭人見之，知非常人，與語，登亦不應。文帝聞之，使阮籍往觀，既見與語，亦不應。嵇康又從之游，三年，問其所圖，終不答，康每

歎息。將別，謂曰：「先生竟無言乎！」，登乃曰：「子識火乎？火生
而有光，而不用其光，果在於用光。人生而有才，而不用其才，而
果在於用才。故用光在乎得薪，所以保其耀。用才在乎識眞，所以
全其年。今子才多識寡，難乎免於今之世矣。子無求乎？」，康不能
用，果遭非命，乃作〈幽憤詩〉曰：「昔慚柳下，今愧孫登。」，或
謂登以魏晉去就易生嫌疑，故或嘿者也。竟不知所終。

又，《世說新語・棲逸篇》嘗載阮籍於蘇門山中遇一異人，籍歸，遂著〈大人
先生論〉，王隱《晉書》以爲籍所見者即孫登也。〔註12〕又《世說》同篇嵇康
遇孫登條，注引〈康集序〉、《魏氏春秋》、《文士傳》、王隱《晉書》，皆載康
與孫登交往之事跡。又《三國志・魏志・王粲傳》注引《魏氏春秋》及《晉
陽秋》；《文選・幽憤詩》注引《魏氏春秋》；《御覽》卷五三引王隱《晉書》，
卷五七九引《晉紀》，及《乾隆輝縣志》，亦常載孫登其人其事。其一生居白
鹿、蘇門二山者爲多，〔註13〕殆亦避世之隱者。至登之所終，則《御覽》卷
五三引王隱《晉書》云：「孫登，楊駿逼迎之。與語，不答。賜布袍，登借刀
截斷，棄門中，大呼云刺斫刺斫，卒病死，後人見在賈馬坂。」，若王隱之語
可信，則登之卒乃在康後。楊駿專擅於惠帝之世，時去康亡已近二十年，則
登蓋長壽人也。

　　至若王烈其人，亦嵇康之道友也。烈，《晉書》無傳，事跡難詳；然臧榮
緒《晉書》、袁彥伯《竹林名士傳》皆嘗載其事，茲轉錄於下：

　　《文選・沈休文遊沈道士館詩》，注引袁彥伯《竹林名士傳》云：

　　　王烈服食養性，嵇康甚敬信之，隨入山，烈嘗得石髓，柔滑如飴，
　　　即自服半，餘半取以與康，皆凝而爲石。

又，《北堂書鈔》卷一六○，《大唐類要》卷一六○引臧榮緒《晉書》云：

　　　嵇康遇邯鄲人王烈，烈自言二百餘歲，共入山，得石髓如飴，即自
　　　服半，餘半取以與康，皆凝而爲石。石室中見一卷素書，呼吸間，
　　　康取輒不見。

此二則皆言康與王烈入山之事，不及其他，又康〈與山巨源絕交書〉：「又聞

〔註12〕參見《世說・棲逸篇》嵇康遇孫登條，注引王隱《晉書》。
〔註13〕《御覽》卷五七九引《晉紀》云：「孫登字公和，不知何許人，散髮宛地，行
　　　吟樂天，居白鹿、蘇門二山，彈一絃琴，善嘯，每感風雷，嵇康師事之三年，
　　　不言。」

道士遺言，餌求黃精，令人久壽，意甚信之。遊山澤、觀魚鳥，心甚樂之。」，
疑書中所云之道士即王烈也。

三、呂　安

　　呂安字仲悌，小名阿都。兄巽，字長悌。皆康之友也。康〈與呂長悌絕
交書〉云：「昔與足下年時相比，以數面相親。足下篤意，遂成大好。由是許
足下以至交。雖出處殊途而歡愛不衰也。及中間少知阿都，志力開悟，每喜
足下家復有此弟。」，觀此，則康乃先與巽交，後始與安相知，其後遂成至友。
康、安、向秀三人相結莫逆，時相遊處。《世說新語・言語篇》嵇康被誅條，
注引《向秀別傳》云：「秀字子期，河南人。少為同郡山濤所知，又與譙國嵇
康、東平呂安友善，並有拔俗之韻……與嵇康偶鍛於洛邑，與呂安灌園於山
陽。」，其後以安妻，巽逼而淫之。安欲告巽，遣妻。以問於康，康為之調節，
後巽不自安，陰謀告安搉母，安下獄，辭引康，康詣獄義証其事，時巽與鍾
會皆為司馬昭所寵，會勸昭因此誅之，俱死。又，《三國志・王粲傳》注引《魏
氏春秋》云：「安亦至烈，有濟世志力，鍾會勸大將軍因此除之，遂殺安及康。」，
則安、康非僅文友，其政治之立場亦相同，皆為有濟世志力而不黨司馬也。
又，安羅罪時，嘗徙邊，於途作書與康，內有「昔李叟入秦，及關而歎」數
語，即《文選》所載趙景真與嵇茂齊書是也。此書之作者或云趙景真，或云
呂安，近人戴明揚嘗考辯之，則以安作為是也。〔註14〕又，康入獄時嘗作〈幽
憤詩〉，內有「曰予不敏，好善闇人」之語，或以為康所云之闇人乃指呂安。
竊以為安、康之交契若金蘭，康既義不負心以証明安之無辜，必不反目相仇
若是，故知其所謂之闇人，乃指呂巽而言。康嘗作書與絕交，且深憤其為人，
是可知矣。今略錄安之事跡於下：

　　《世說新語・簡傲篇》嵇康與呂安善條，注引《晉陽秋》云：

　　　安字仲悌，東平人，冀州刺史昭之第二子。志量開曠，有拔俗風氣。

又，《世說・雅量篇》，嵇中散臨刑條，注引《晉陽秋》云：

　　　初，康與東平呂安親善。安嫡兄巽，淫安妻徐氏，安欲告巽，遣妻，
　　　以諮於康，康喻而抑之。巽內不自安，陰告安搉母，表求徙邊，安
　　　當徙，訴自理，辭引康。

〔註14〕參見戴著〈與嵇茂齊書作者辯〉，文刊於《浙大文學院集刊》第四集，後收入
　　　　其所撰之《嵇康集校注》一書中。

又，《文選·向子期思舊賦》注引干寶《晉書》云：

> 安，巽庶弟，俊才，妻美，巽使婦人醉而幸之，醜惡發露，巽病之，告安謗己。巽於鍾會有寵，太祖遂徙安邊郡，遺書與康：「昔李叟入秦，及關而歎。」云云，太祖惡之，追收下獄，康理之，俱死。（《世說·雅量篇》注引與此略同）

四、其　他

1. 趙　至

《世說·言語篇》嵇中散語趙景真條，注引嵇紹〈趙至敘〉云：

> 至字景真，代郡人。漢末，其祖流宕客緱氏，令新之官，至年十二，與母共道傍看，母曰：「汝先世非微賤家也。世亂流離，遂為士伍耳。汝後能如此不？」至曰：「可爾耳。」，歸便就師誦書，早聞父耕叱牛聲，釋書而泣。師問之，答曰：「自傷不能致榮華，而使老父不免勤苦。」年十四，入太學觀，時先君在學寫石經古文，事訖去，遂隨車問先君姓名，先君曰：「年少何以問我？」至曰：「觀君風器非常，故問耳。」先君具告之。至年十五，佯病，數數狂走五里三里，為家追得。又灸身體十數處。年十六，遂亡命，徑至洛陽，求索先君，不得。至鄴，沛國史仲和，是魏領軍史漁孫也，至便依之，遂名翼，字陽和。先君到鄴，至具道太學中事，便逐先君歸山陽，經年。至長七尺三寸，潔白衣、黑髮、赤脣、明目、鬚不多，閑詳安諦，體若不勝衣。先君嘗謂之曰：「卿頭小而銳，瞳子白黑分明，視瞻停諦，有白起風。」至論議清辯，有縱橫才，然亦不以自長也。孟元基辟為幽州部從事，在郡斷九獄，見稱清當。自痛棄親遠游，母亡不見，吐血發病，服未竟而亡。

是趙至為康之後輩，而甚敬仰康者也。《晉書》亦有其傳，所云率與此同，而述趙至自康亡後之行蹟則較此為詳。

2. 二　郭

郭遐周、郭遐叔殆為兄弟也，而事蹟未詳。嘗從康游，居處共之。其後康因事須避至他處，遐周贈詩三首，叔贈詩五首。皆勸康慎軀全生，以功名為事。康則報詩三首，內云所以離去之故，乃是「寡智自生災，屢使眾釁成；豫子匿梁側，聶政變其形。顧此懷怛惕，慮在苟自寧，今當寄他域，嚴駕不

得停。」，並以「道不俱」婉謝二郭之規諫出任。三人往返之詩，今載《康集》中。由其詩觀之，則二郭乃慕康而從康游者也。

3. 阮德如

丁福保《全三國詩》云：「陳留志名曰：『阮侃，字德如，尉氏人，魏衛尉卿阮共之子，有俊才，而飭以名理，風儀雅潤，與嵇康爲友，仕至河內太守。』」，今《嵇康集》中載有康與阮德如之詩，及德如答詩。嵇詩敘離別之思，並以「澤雉窮野草，靈龜樂泥蟠。榮名穢人身，高位多災患，未若捐外累，肆志養浩然。」申述己志。阮德如之答詩則慰籍殷懃，並以「蟠龜實可樂，明戒在刳腸。」戒康保身。陳祚明《采菽堂古詩選》嘗評阮氏之詩云：「規戒懇切，既中叔夜之病，末段慰藉殷勤，情辭篤志，雖樸近固不可廢。」又，康之贈詩有：「含哀還舊廬，感切傷心肝」之語，故近人侯外廬氏以爲康與阮德如之詩乃親亡後作（見《中國思想通史》第三冊，第五章）

4. 阮　种

《晉書·阮种傳》云：「阮种字德猷，陳留尉氏人，漢侍中胥卿八世孫也。弱冠有殊操，爲嵇康所重，康著〈養生論〉，所稱阮生。即种也。」，案，嵇康〈答難生論〉云：「李少君識桓公玉椀，則阮生謂之逢占。」，《晉書·种傳》所云者，蓋指此也。又，阮侃字德如，阮种字德猷，二人俱陳留尉氏人，不知是否是兄弟？

5. 張遼叔

今之《康集》中附載有〈自然好學論〉、〈宅無吉凶攝生論〉、〈釋難宅無吉凶攝生論〉，此三文，嚴可均《全三國文》以爲皆張遼叔作，近人周樹人、戴明揚氏則以〈自然好學論〉歸之張遼叔，以後二論歸之阮德如。張遼叔之事跡，典籍缺漏，難明其詳，僅知其爲康之論友，而所學則與康或異也。遼叔爲一純儒，重六經，以好學爲自然，以爲宅無吉凶，世之信陰陽、安宅、葬埋者，皆捨本而逐末者也。康之所見則與遼叔異。二人之論辯，本文將於康之玄論一章中述之。

6. 公孫崇

《文選·卷四三·嵇叔夜與山巨源絕交書》云：「前年從河東還，顯宗、阿都都說足下議以吾自代。」李善注引晉氏八王故事注云：「公孫崇字顯宗，譙國人，爲尚書郎。」，則崇亦是康之鄉人也。

7. 山 嶔

　　嵇叔夜〈與山巨源絕交書〉云：「足下昔稱吾於潁川，吾常謂之知音。」李善注云：「虞預《晉書》曰：『山嶔守潁川。』《嵇康文集錄注》曰：『河內山嶔守潁川，山公族父。』」，則叔夜之識山嶔，殆以山濤故也。

8. 袁孝尼

　　《晉書・卷八三・袁準傳》云：「準字孝尼，以儒學知名，注喪服經，官至給事中。」，準嘗欲從康學〈廣陵散〉，《世說・雅量篇》云：「嵇中散臨刑東市，神氣不變，索琴彈之，奏〈廣陵散〉，曲終，曰：『袁孝尼嘗請學此散，吾靳固未與，廣陵散於今絕矣。』，太學生三千人上書以爲師，不許。文王亦尋悔焉。」，孝尼與康交往之事，所見唯此。

第三章　著述考

第一節　嵇康之論著

　　典籍所載嵇康之論著，約言之，則《高士傳》、《左傳嵇氏音》、及《嵇康集》是也。而《高士傳》、《左傳嵇氏音》二書今亡久矣，後人有輯之者焉。今爲便於敘述，區分之爲五項以探究之：一曰《高士傳》，一曰《左傳嵇氏音》，一曰《嵇康集》之歷代著錄考，一曰《嵇康集》佚文，一曰嵇康著述辨疑。

一、高士傳

　　《三國志・王粲傳》注引嵇喜所撰之〈康傳〉云：

　　　知自厚者，所以喪其所生，其求益者必失其性，超然獨達，遂放世
　　　事，縱意於塵埃之表，撰錄上古以來聖賢隱逸，遁心遺名者，集爲
　　　傳贊。自混沌至於管寧，凡百一十有九人。蓋求之於宇宙之内，而
　　　發之乎千載之外者矣。故世人莫得而名焉。

嵇喜爲康之兄，此乃《高士傳》之最早見乎記載者也。茲將歷代史籍及私家所載列述於後，以見其存亡之一斑焉。

　　《晉書・嵇康傳》：

　　　康善談理，又能屬文，其高情遠趣，率然玄遠。撰上古以來高士，
　　　爲之傳贊，欲友其人其千載也。

　　《宋書・周續之傳》：

常以嵇康《高士傳》得出處之美，因爲之注。

《隋書·經籍志》：

　　《聖賢高士傳贊》三卷，嵇康撰，周續之注。

《唐書·經籍志》：

　　《高士傳》三卷，嵇康撰。《上古以來聖賢高士傳贊》三卷，周續之撰。

《新唐書·藝文志》：

　　《嵇康聖賢高士傳》八卷。周續之《上古以來聖賢高士傳贊》三卷。

〔註1〕

《通志·藝文略》：

　　《聖賢高士傳贊》三卷，嵇康撰。

《玉海·藝文》：

　　嵇康《聖賢高士傳贊》三卷。《唐志》傳八卷。周續之傳贊三卷。

康此書初不云書名，其兄喜唯云：「集爲傳贊」，《晉書》亦云：「爲之傳贊」，《宋書·周續之傳》始標名《高士傳》，其後書志或名《聖賢高士傳贊》，或名《聖賢高士傳》。書名紛紜，其實不異也。其書始見嵇喜撰之康傳，至宋王應麟撰《玉海》時尚載之，而元修之《宋志》則已不載，可知其亡佚亦久矣。明清之學者如張燮、張溥、馬國翰、王仁俊、嚴可均、周世敬諸人，皆曾據《北堂書鈔》、《太平御覽》諸類書輯其佚文。〔註2〕其中當以嚴、周二氏所輯較詳密也。入民國後，輯校者有唐鴻學、戴明揚諸人，而以戴氏《聖賢高士傳贊校補》爲最。戴氏此文曾發表於《國立浙大文學院集刊》第二集，後收

〔註1〕《新唐書》載嵇康及周續之所撰高士傳，清人嚴可均曾疑其事。嚴氏於全三國文聖賢高士傳序云：「謹案隋志雜傳類聖賢高士傳贊三卷，嵇康傳，周續之注。唐志以傳屬嵇康，以贊屬周續之。據康兄喜爲康傳云：『撰錄上古以來聖賢隱逸遁心遺名者，集爲傳贊。自混沌至於管寧。凡百一十有九人。』是傳與贊皆康撰，唐志誤也。宋代不著錄。今檢群書得五十二傳、五贊、凡六十一人，定著一卷，附康集之末。」今案：姚振宗隋書經籍志考證云：「唐志所載蓋無注本一部，注本一部也。」，嚴氏顯然誤解唐志之意，以爲唐志以傳屬康，以贊屬周續之。其實唐志乃以傳贊皆屬康，而注（周續之注）與無注（嵇康原文）本各列一部也。

〔註2〕張燮所輯見張燮本《嵇中散集》。張溥所輯見《漢魏六朝百三名家集》之《嵇康集》。馬國翰輯本見《玉函山房輯佚書》。王仁俊輯本見《玉函山房輯佚書補編》。嚴可均輯本見《全三國文》。周世敬所輯今有其手鈔本之《聖賢高士傳贊》。

入於《嵇康集校注》一書中。〔註3〕

　　竊以爲康之作是書也，殆有深意存焉。是時司馬禍心中藏，覬覦王室，嵇氏此作殆譏其心競也。惠子相魏，莊周棄其魚，觀其用心，康與有焉。其後如皇甫者流之作《高士傳》，則僅慕其人耳，非必有深意也。然嵇氏之作雖旨在抑顯揚隱，而於人物之去取頗多失當，唐人劉知幾著《史通》嘗譏之矣：

　　　　嵇康《高士傳》，其所載者廣矣，而顏回、蓬瑗獨不見書，蓋以二子
　　　　雖樂道遺榮，安貧守志，而拘忌名教，未免流俗也。正如董仲舒、
　　　　揚子雲亦鑽研四科，驅馳六籍，漸孔門之教義，服魯國之儒風，與
　　　　此何殊，而並可甄錄。夫回、瑗是棄而董、揚獲升，可謂識二五而
　　　　不知十者也。（《史通‧品藻》）

同書又云：

　　　　嵇康撰《高士傳》，取《莊子》、《楚辭》二漁父事合成一篇，夫以園
　　　　吏之寓言，騷人之假說，而定爲實錄，斯已謬矣。況此二漁父者，
　　　　較年則前後別時，論地則南北殊壤，而輒併之爲一，豈非惑哉？（《史
　　　　通‧雜說下》）

劉氏譏康妄引《莊》、《騷》寓言以立傳，誠可謂深中其病者。至若錄董、揚而棄回、瑗，則一眚不足以掩大德。若據此而責其識寡，則不免明察秋毫不見輿薪之譏矣。

二、左傳嵇氏音

　　《左傳嵇有音》，《隋志》嘗載之，《唐志》已不著錄，其亡當在唐末。近人之研究者亦甚鮮。今錄其史志所載於後：

　　《隋書‧經籍志》云：

　　　　《春秋左氏傳音》三卷，魏中散大夫嵇康撰。

是書既佚，後世又少徵引，後人難見其梗概。清人之輯是書者，唯馬國翰一人耳。今以其字數鮮少，故悉迻錄之於下：

　　《玉函山房輯佚書‧經編‧春秋類》：

　　　　《春秋左氏傳嵇氏音》　　魏嵇康撰

　　桓公九年

〔註 3〕近人唐鴻學之作乃本嚴氏《全文》而略加案語。書見《怡蘭堂叢書》第三冊。

以戰而北　北音奔背（陸德明《釋文》）

成公十有三年

相公戮力同心　戮、力幽反（《釋文》），音留（宋庠《國語補音》卷一）

文公十有四年

有星孛入于北斗　孛音渤海字。《公羊傳》曰：孛者何？慧星也。彗、似
歲反，一音雖遂反。

襄公九年

棄位而姣　姣音效（《釋文》）

昭公二十有一年

乃徇曰：楊徽者，公徒也。　徽，幟也。幟音式。（《史記‧高祖本紀》「旗
幟皆赤」，司馬貞《索隱》引嵇康。）

昭公十有五年

有鸜鵒來巢　鸜音權（《釋文》引嵇康音。案《釋文》又云：《公羊傳》
作鸜音權，是嵇從公羊讀也。）

三、嵇康集之歷代著錄考

　　《嵇康集》箸錄於書志者多矣。近人如周樹人、戴明揚之流，皆曾將歷
代書志排比臚列，以見其變革流傳之一斑。其中以周氏考之最詳。今將歷代
書志及私家所記者臚列於後以便省覽，並考其流變焉。

　　《隋書‧經籍志》：《魏中散大夫‧嵇康集》十三卷。

　　《唐書‧經籍志》：《嵇康集》十五卷。

　　《新唐書‧藝文志》：《嵇康集》十五卷。

　　《宋史‧藝文志》：《嵇康集》十卷。

　　《崇文總目》：《嵇康集》十卷。

　　鄭樵《通志‧藝文略》：《魏中散大夫嵇康集》十五卷。

　　《晁公武郡齋讀書志》：《嵇康集》十卷。

　　《尤袤遂初堂書目》：《嵇康集》。

　　陳振孫《直齋書錄解題》：《嵇中散集》十卷，魏中散大夫譙嵇康叔夜撰。
《解題》又云：「（康）所著文論六七萬言，今存於世者，僅如此。《唐志》猶
有十五卷。」

馬端臨《文獻通考經籍考》:《嵇康集》十卷。

楊士奇《文淵閣書目》:《嵇康文集》。

葉盛《菉竹堂書目》:《嵇康文集》。

焦竑《國史經籍志》:《嵇康集》十五卷。

錢謙益《絳雲樓書目》:《嵇中散集》二冊。

錢曾《述古堂藏書目》:《嵇中散集》十卷。

《四庫全書總目》:《嵇中散集》十卷。《提要》又云:「《隋書・經籍志》載康文集十五卷。新、舊《唐書》竝同。鄭樵《通志略所載卷數,尚合。至陳振孫《書錄解題》,則已作十卷。且稱康所作文論,六七萬言。其存於世者,僅如此。則宋時已無全本矣。疑鄭樵所載亦因仍舊史之文,未必眞見十五卷之本也。王楙《野客叢書》註云:『嵇康傳曰:康喜談名理,能屬文,撰《高士傳贊》,作〈太師箴〉,〈聲無哀樂論〉,余得毘陵賀方回家所藏繕寫《嵇康集》十卷,有詩六十八首,今《文選》所載才三數首。《選》惟載康〈與山巨源絕交書〉一首,不知又有〈與呂長悌絕交〉一書。《選》惟載〈養生論〉一篇,不知又有與向子期〈論養生難荅〉一篇,四千餘言,辨論甚悉。集又有〈宅無吉凶攝養生論難〉上、中、下三篇,〈難張遼自然好學論〉一首,〈管蔡論〉,〈釋私論〉,〈明膽論〉等文。《崇文總目》謂:《嵇康集》十卷,正此本爾。《唐藝文志》謂:《嵇康集》十五卷,不知五卷謂何?』觀楙所言,則樵之妄載,確矣。此本凡詩四十七篇,賦一篇,雜著二篇,論九篇,箴一篇,家誡一篇,而雜著中〈嵇荀錄〉一篇,有錄無書,實共詩文六十二篇。又非宋本之舊,蓋明乙酉吳縣黃省曾所重輯也。楊眞丹鉛總錄,嘗辨阮籍卒於康後,而世傳籍碑爲康作,此本不載此碑,則考核猶爲精審矣。」

《四庫簡明目錄》:《嵇中散集》十卷,魏嵇康撰。又云:「其集散佚,至宋僅存十卷。此本爲明黃省曾所編,雖卷數與宋本同,然王楙《野客叢書》稱康詩六十八首,此本僅四十二首,合雜文僅六十二首,則又多所散佚矣。

朱學勤《結一廬書目》:《嵇中散集》十卷。

洪頤煊《讀書叢錄》:《嵇中散集》十卷。又云:「每卷目錄在前,前有嘉靖乙酉黃省曾序。《三國志・邴原傳》裴松之注:張貔父邈字叔遼,〈自然好學論〉,在《嵇康集》。今本亦有此篇。又詩六十六首,與王楙《野客叢書》本同,是從宋本翻雕,每葉廿二行行廿字。」

錢泰吉《曝書雜記》云:「《嵇中散集》於昔有明初鈔本,即解題所載本,

多詩文數首，此或即明黃省曾所集之本歟。」

　　莫友芝《邵亭知見傳本書目》:《嵇中散集》十卷，魏嵇康撰。又云:「明嘉靖乙酉，黃省曾仿宋本，每葉二十二行行二十字，板心有南星精舍四字。程榮校刻本。汪士賢本。《百三名家集》本一卷。《乾坤正氣集》本。靜持室有顧沅以吳匏菴鈔本校於汪本上。」

　　江標豐順丁氏《持靜齋書目》:「《嵇中散集》十卷，明汪士賢刊本。康熙間，前輩以吳匏菴手抄本詳校，後經藏汪伯子、張燕昌、鮑淥飲、黃堯圃、顧湘舟諸家。」

　　繆荃孫《清學部圖書館善本書目》云:「《嵇康集》十卷，魏嵇康撰。明吳匏菴《叢書堂》鈔本，格心有「叢書堂」三字，有陳貞蓮書畫記，朱方格界方印。」

　　陸心源《皕宋樓藏書志》云:「《嵇康集》十卷，晉嵇康撰。余向年知王雨樓表兄，家藏《嵇中散集》，乃《叢書堂》校宋抄本，為藏書家所珍秘。從士禮居轉歸雨樓。今乙未多，向以樓索觀，並出副錄本見示。互校，稍有訛脫，悉為更正。朱改原字上者抄人所誤。標於上方者，己意所隨正也。還書之日，坿誌於此。道光十五年十一月初九日妙道人書。案:《魏中散大夫嵇康集》，《隋志》十三卷，注云:梁有十五卷，錄一卷。新舊《唐志》，竝作十五卷，疑非。其實《宋志》及晁陳兩家竝十卷，則所佚又多矣。今世所通行者，惟明刻二本:一為黃省曾校刊本，一為張溥《百三家集》本。張本增多〈懷香賦〉一首，及原憲等贊六首，而不附贈荅論難諸原作。其餘大略相同。然脫誤竝甚，幾不可讀。昔年曾互勘一過，而稍以《文選》，《類聚》諸書參校之，終未經盡善。此本從明吳匏菴叢書堂抄宋本過錄其傳鈔之誤，吳君志忠已據鈔宋原本校正。今朱筆改者是也。余以明刊本校之，知明本脫落甚多。〈荅難養生論〉『不殊于榆柳也。』下脫:『然松柏之生，各以良殖遂性，若養松於灰壤』三句。〈聲無哀樂論〉『人情以躁靜』下，脫『專散為應，譬猶遊觀於都肆，則目濫而情放。留察於曲度則思靜』二十五字。〈明膽論〉「夫惟至」下，脫『明能無所惑至膽』七字。〈荅釋難宅無吉凶攝生論〉:『為下無所益也』下脫『若得無恙，為相敗於卜，何云成相邪』二句。『末若所不知』下，脫『者眾此較通世之常滯然智所不知』十四字。『及不可以妄求也』脫『以』字，誤『求』為『論』，遂至不成文義。其餘單辭隻句，足以校補誤字缺文者，不可以條舉。書貴舊抄，良有以也。」

祁承𤋮《澹生堂書目》云：「《嵇中散集》三冊，《嵇中散集略》一冊。」

孫星衍平津館鑒藏記：「《嵇中散集》十卷。每卷目錄在前，前有嘉靖乙酉黃省曾序。稱校次瑤編，彙爲十卷，疑此本爲黃氏所定。然考王楙《野客叢書》，已稱得毘陵賀方回家所藏繕寫十卷本，又詩六十六首。與王楙所見本同。此本即從宋本翻雕，黃氏序言，特誇言之耳。每葉廿二行，行廿字，板心下方有南星精舍四字。收藏有世業堂印。白文方印。繡翰齋朱文長方印。」

趙琦美《脈望館書目》：《嵇中散集》二本。

高儒《百川書志》云：「《嵇中散集》十卷。魏中散大夫、譙人，嵇康叔夜撰。詩四十七，賦十三，文十五，附四。」

《嵇康集》，《隋志》載之，云爲十三卷，其注則云「梁有十五卷，錄一卷」由是以觀，是知康集至隋已佚二卷及錄矣。其後新舊《唐志》復作十五卷，清人陸心源〔註4〕疑其爲非；近人周樹人則謂唐時二卷復出。〔註5〕至宋世，書志所載，僅十卷存焉。陳振孫《解題》謂康：「所著文論六七萬言，今存於世者，僅如此。」，是其散佚尤多矣。蓋歷代傳鈔，既多譌誤，亦時散佚故也。

至其刊本，宋元所刊今已不見，清世通行者有二：一爲黃省曾校刊本，一爲張溥《百三名家》本。黃本乃從宋本翻雕，每葉二十二行，行二十字，板心有南星精舍四字，是宋刊雖亡而不亡也。張溥之本，周樹人謂其「皆从黃本出，而略正其誤，并增逸文」耳。然黃本雖源自宋刊，而王楙《野客叢書》謂康詩六十八首，今黃本僅詩四十二首，合雜文亦止六十二首，是其散佚又多矣。至若校勘者，清代吳志忠諸人嘗爲之，其作多不傳，近人之校則以周樹人、戴明揚二氏爲佳。

四、嵇康集佚文

康集佚文，近人如周樹人、戴明揚、葉渭清諸人皆有輯本，然皆不免貪多失考，或闌入他人之作。今考其何信者列之於後，至其可疑者則將於嵇康著述辨疑中申論之。

嵇康〈遊仙詩〉云：「翩翩鳳轄，逢此網羅。」（《太平廣記》四百引《續齊諧記》）

〔註4〕陸氏之語見《皕宋樓藏書志》。

〔註5〕見周校《嵇康集序》。

嵇康〈琴讚〉云：「懿吾雅器，載璞靈山。體具德眞，清和自然。澡以春雪，澹若洞泉。溫乎其仁，玉潤外鮮。昔在黃農，神物以臻。穆穆重華，託心五絃。閑邪納正，亹亹其僊。宣和養氣，介乃遐年。」（《北堂書鈔》一百九引）

嵇康〈太師箴〉曰：「若會酒坐，見人爭語，其形勢似欲轉盛，便堂捨去，此鬪之兆也。」（《太平御覽》四百九十六引。案：嚴可均曰：「此疑是序，未敢定之。」，周樹人云：「此家誡也，見本集第十卷。《御覽》誤題爾。」）

嵇康〈燈銘〉：「蕭蕭宵征，造我友廬，光燈吐耀，華縵長舒。」（見《全三國文》，不著所出）

《嵇康集‧目錄》曰：「孫登者，字公和，不知何許人，無家屬，於汲縣北山土窟中得之。夏則編草爲裳，多則被髮自覆，好讀易，鼓一絃琴，見者皆親樂之。每所止家，輒給其衣服飲食，得無辭讓。」（《魏志‧王粲傳》注、《世說新語‧棲逸篇》注、《御覽》二十七又九百九十九）

《嵇康文集錄注》曰：「河內山嶔，守潁川，山公叔父。」（《文選‧嵇叔夜與山巨源絕交書》李善注）

《嵇康文集錄注》曰：「阿都呂仲悌，東平人也。」（同上）

五、嵇康著述辨疑

1. 周易言不盡意論

宋王應麟《玉海‧卷三七‧藝文晉易象論》云：「嵇康作〈言不盡意論〉。」

案：《隋志》及《晉書》本傳皆不言康作此論。考《世說‧文學篇》云王導過江唯標三論，內有「言盡意論」劉孝標注以爲歐陽堅石之作。「意盡意」與此所云「言不盡意」，不知是否爲相駁之作，抑或同一文之譌寫也？如爲同一文，則殆王應麟因王導標三論，以爲三論皆嵇康所有，故有是誤也。若爲相駁之作，則殆爲康撰無疑。然是文唯見於《玉海》而不見諸他家所載，此亦甚可怪者也。

2. 阮嗣宗碑

〈阮嗣宗碑〉之作者題稱，歷來聚訟紛紜，即所載之文辭亦略異，今將載籍所載，與夫學者之異說列之於右：

（1）晉盧播撰：

《藝文類聚》三十六引阮籍銘題爲晉盧播撰。

（2）魏嵇康撰：

　　劉節《廣文選》、陳仁錫《古文寄賞》、李賓《八代文鈔》引魏常侍
　　步兵校尉東平太守碑作嵇康撰。

（3）嵇叔良撰：

　　楊愼《丹鉛總錄》訂訛類廣文選條：「近閱《廣文選》，〈阮嗣宗碑〉
　　乃東平太守嵇叔良撰，而妄改良作夜，不知叔夜之死先於阮也。」
　　鄧伯羔《藝彀》，田藝蘅《留青日札》所言與楊愼略同。

　　又，嚴可均《全三國文・魏散騎常侍步兵校尉東平相阮嗣宗碑》云：

　　　「《廣文選》作嵇叔夜，誤。楊愼《丹鉛總錄》以爲東平太守嵇叔良
　　　撰，未詳何據，文不他見，姑列出俟考。」

上述所載，或曰〈阮籍銘〉，或曰〈魏散騎常侍步兵校尉東平太守碑〉。撰者
或曰盧播，或曰嵇康，或曰嵇叔良。今案楊愼、鄧伯羔、田藝蘅諸人雖云嵇
叔良撰，然不云所據，疑莫能明也。嚴可均氏將〈阮嗣宗碑〉歸之叔良，〈阮
籍銘〉歸之盧播，一文兩屬，蓋亦疑未能定，故首鼠兩端耳。近人葉渭清氏
以爲嵇康、阮籍同死於景元四年，而不敢斷其死時之先後。今若僅就其文觀
之，「惠子」、「郢人」、「靈龜」諸語，皆嵇康所恆用者也。文辭與康文如出一
轍。然前文吾人已考知嵇康死於景元三年矣，故阮籍之死必在康後。即或嵇
阮同死於四年，史載籍死於四年冬，今知嵇康被誅之年，乃呂安事發，幽繫
獄中，憤悱難抑之時，縱康死於籍後，豈有閒情爲籍作銘乎。由是觀之，謂
此文康作，蓋不然矣。至謂嵇叔良所作，此說起自楊愼，嚴氏已謂其無據矣。
故此文之作，當以晉人盧播爲近是。

3. 遊山九吟

　　《北堂書鈔・一百・藝文部歡賞》引嵇康云：「康著〈遊山九吟〉，魏明
帝異其文詞，問左右曰：『斯人安在，吾欲擢之。』遂起家爲潯陽長。」

　　案：《藝文類聚》卷十九及《太平御覽》三百九十二引《文士傳》，並云
李康著〈遊山九吟〉。又，《文選・李蕭遠運命論》注引《集林》云：

　　　李康字蕭遠，中山人也。性介立，不能和俗，著〈遊山九吟〉，魏明
　　　帝異其文，遂起家爲尋陽長，政有美績，病卒。

由是觀之，〈遊山九吟〉當是李康所作，《北堂書鈔》誤書嵇康耳。

4. 剔牙松歌

　　明人劉士璘《古今文致》內收嵇康撰之〈剔牙松歌〉，末附王陽明之評。

今案其文詞鄙俚，且此歌不見載於他書，當是明人偽託之作也。

5. 白首賦

《文選・卷二十三・謝惠連秋懷詩》，李善注云：「嵇康有〈白首賦〉。」

案：《藝文類聚・卷十七・人部髮》引晉嵇含〈白首賦〉序云：

> 余年二十七，始有白髮生於左鬢，斯乃衰悴之標證，棄捐之大漸也。蒲衣幼齒，作弼夏后。漢之賈鄧，弱冠從政。獨以垂立之年，白首無聞。壯志衄於蕪塗，忠貞抗於棘路。覯將衰而有川上之感，觀趣舍而抱慷慨之歎。

嵇含乃康之姪孫，既作〈白首賦序〉，則必有賦無疑也。設非康、含二人同以「白首」為題作賦，則必是李善所誤記。明梅鼎祚《西晉文紀》將是序收入嵇含文中，是也。

6. 酒　賦

《北堂書鈔・卷一四八・酒食部》引嵇康〈酒賦〉云：「重酎至清，淵凝冰潔，滋液兼備，芬芳□□。」

案：周豫材云：「同卷又引嵇含〈酒賦〉云：『浮螘萍連，醪華鱗設。』疑此四句亦嵇含之文。」（《嵇康集・逸文》），今以《北堂書鈔》所引康、含二人〈酒賦〉之文觀之，文氣、詞句如出一轍，究為一人之作邪？抑二人同以「酒」名賦邪？疑莫能明也。

7. 懷香賦

《藝文類聚》卷八一引嵇康〈懷香賦序〉曰：「余以太簇之月，登於歷山之陽，抑眺崇岡，俯察幽坂，乃覯懷香生於蒙楚之間，曾見斯草植於廣廈之庭，或被帝王之囿，怪其遐棄，遂遷而樹於中唐。華麗則殊采阿那，芳實則可以藏書。又感其棄於高崖，委身皆庭。似傳說顯殷，四叟歸漢，故因事義賦之。」

案：《太平御覽》卷九八三引嵇含〈槐香賦〉，而文與此同。近世學者以為此賦乃嵇含所作而非康也。今錄其說於後：

周豫材云：

> 案《太平御覽》九八三引嵇含〈槐香賦〉，文與此同，《類聚》以為康作，非也。嚴可均輯《全三國文》據《類聚》錄之，張溥本亦存其目，竝誤。〔註6〕

〔註 6〕見周校《嵇康集序》。

戴明揚云：

「宋本《藝文類聚》八一引嵇含〈懷香賦序〉，《太平御覽》九八三
亦引之。惟『懷』字作『槐』，別本《類聚》誤題嵇康，張采《三國
文》因以次於〈琴賦序〉後，張燮、張溥亦收〈懷香賦〉於《中散
集》，且誤脫『序』字，嚴可均據《類聚》收〈懷香賦序〉嵇康文中。
又據《御覽》收〈槐香賦并序〉於嵇含文中，其實一也。」又自注
云：「含措心草木，有宜男花、長生樹、朝生暮落樹等賦，此〈懷香
賦〉當爲含作無疑。」〔註7〕

8. 菊花銘

《太平御覽・九九六・百卉部菊》，引嵇康〈菊花銘〉云：「煌煌丹菊，
暮秋彌榮，親尊是御，永祚億齡。」

案：《初學記・二七・寶器部花草附菊十二》，《藝文類聚・八一・草部菊》，
《古詩類苑・一二〇・花部菊》，與《御覽》同引此銘，而文字略有異同。然
《初學記》、《藝文類聚》、《古詩類苑》載此銘皆題爲嵇含作，唯《太平御覽》
引作嵇康。《御覽》書較晚出，當爲誤引無疑。

9. 蠶賦

嚴可均《全三國文》自《太平御覽》輯得嵇康〈蠶賦〉，其文云：「食桑
而吐絲，前亂而後治。」，其後周樹人氏校《嵇康集》亦沿之。今案《御覽》
卷八一四引此文，題云荀卿〈蠶賦〉，不云康也。其旁乃引嵇康琴賦之文，文
云：「絃以園客之絲，徽以鍾山之玉。」，今以其書校之，知嚴氏偶疏，而周
氏亦承其誤也。

第二節　作品類歸

嵇喜所撰之〈康傳〉言其「家世儒學，長好老莊」，試將康之作品分爲三
期觀之，則其早期之作，儒學之氣息仍深。此期之作，《左傳嵇氏音》可爲代
表焉。其後七賢遊處竹林，詩酒宴飲，相互酬答，此其中期也。此一期約始
於曹、何誅後，時康結時賢以隱退宴飲，抗拒司馬氏之徵召。此期之作，則
〈酒會詩〉、〈遊仙詩〉、〈養生論〉是也。更至其後，七賢或因司馬之脅迫而
出仕，山濤、王戎是也。或與之委蛇，阮籍是也。而七賢竹林之聚，至是緣

盡情分矣，直至康之亡，則其晚期也。於是時也，嵇康爲避政治之迫害，與夫司馬之徵召，故或暫離故居以避禍，或賦詩而抒憂。然終以疏於言行而羅大禍，東市索琴，顧日而歎，旋神龜剚腸，潛龍殞軀，而命歸黃泉矣。此期之作也，則〈幽憤詩〉、〈述志詩〉、〈家戒〉，〈與山巨源絕交書〉是也。

再者，若將康之文，依其性質類歸之，則可別之爲下數類焉：

一、贈　答

　　詩：　〈贈兄秀才公穆入軍詩〉十九首

　　　　　五言詩三首答二郭

　　　　　五言詩一首與阮德如

二、遊仙與隱逸

　　詩：　六言詩十首

　　　　　重作六言詩十首、〈代秋胡歌詩〉七首

　　　　　四言詩

　　　　　五言詩

　　傳：　《高士傳》（佚）

三、宴　飲

　　詩：　〈酒會詩〉

四、追　思

　　詩：　〈思親詩〉

五、抒　懷

　　詩：　〈幽憤詩〉

　　　　　〈述志詩〉

　　文：　〈卜疑〉

六、書　簡

　　　　　〈與山巨源絕交書〉

　　　　　〈與呂長悌絕交書〉

七、玄　論

　　　　　〈養生論〉、〈答難養生論〉

　　　　　〈聲無哀樂論〉

　　　　〈管蔡論〉

　　　　〈釋私論〉

　　　　〈明膽論〉

　　　　〈難自然好學論〉

　　　　〈難宅無吉凶攝生論〉、〈答釋難宅無吉凶攝生論〉

八、箴　戒

　　　　〈太師箴〉

　　　　〈家誡〉

九、其　他

　　賦：〈琴賦〉

　　著述：《左傳嵇氏音》

第三節　作品繫年

　　嵇康之文，有可據相關文獻而推知其寫作年代者，有可據其內容而推知者，然亦有全無徵兆可尋者，茲將其略可考知者申述於後：

1.〈管蔡論〉：當作於甘露元年

　　《三國志》三少帝紀，載高貴鄉公於甘露元年夏四月丙辰幸太學，與博士庾峻等論《尚書》與《易》，並及周公管蔡之事。時庾峻不能答，而嵇康〈管蔡論〉云：

> 且周公居攝，邵奭不悦，推此言之，則管蔡懷疑未爲不賢，而忠賢
> 可不達權。三聖未爲用惡，而周公不得不誅。若此三聖所用信良，
> 周公之誅得宜，管蔡之心見理。爾乃大義得通，内外兼敘，無相伐
> 負者，則時論亦將釋然而大解也。

嵇文有「時論將釋然大解」之語，近人侯外廬氏以爲：「所謂『時論』疑即指太學中未能論究之問題。」，〔註8〕則嵇此文當作於高貴鄉公幸太學之年也。

　　再者，毌丘儉、文欽於甘露元年之前一年（正元二年），舉兵反司馬氏。兵敗，毌丘儉見殺，文欽奔吳。而《晉書》康本傳云：「（鍾會）因譖康欲助毌丘儉，賴山濤不聽。」，是康黨於毌、文也。康是文云周公居攝，管蔡疑其

將不利於少帝，因舉兵反，欲將權勢歸之帝室。是蔡管之反，實忠貞之舉也。其事與司馬執朝柄，毌、文舉兵反正相對。辯管蔡正所以為毌、文悲也。明人張采云：「周公攝政，管蔡流言；司馬執權，淮南三叛，其事正對。叔夜盛稱管蔡，所以譏切司馬也。安得不被禍耶？」（《漢魏別解》引）

綜上之述，康此文當作於甘露元年也。其時去毌丘儉、文欽之誅一年。而其寫作之動機則為代庾峻答高貴鄉公之問難及時人之疑惑，兼亦為毌丘儉、文欽辯誣也。

2.〈與山巨源絕交書〉：當作於景元元年

嵇康誅於景元三年，年四十，子紹時年方十齡（《晉書》紹本傳），而〈絕交書〉云：「女年十三，男兒八歲，未及成人……」，由景元三年上推，紹八歲之時乃景元元年也。故知〈絕交書〉之作當於景元元年也。

3.〈思親詩〉：當作於景元元年

〈思親詩〉云：「奈何愁兮愁無聊，恆惻惻兮心若抽。愁奈何兮悲思多，情鬱結兮不可化。奄無恃兮孤煢煢，內自悼兮欷失聲；思報德兮邈已絕，感鞠育兮情剝裂。嗟母兄兮永潛藏，想形容兮摧傷，感陽春兮思慈親，欲一見兮路無因。望南山兮發哀歎，感機杖兮涕汍瀾。念疇昔兮母兄在，心逸豫兮壽四海。忽已逝兮不可追，心窮約兮但有悲。上空堂兮廓無依，覩遺物兮心崩摧。中夜悲兮當誰告？獨扰淚兮抱哀戚。親日遠兮思日深，戀所生兮淚流襟。慈母沒兮誰予驕？顧自憐兮心忉忉。訴蒼天兮遠不聞，淚如雨兮歎成雲。欲棄憂兮尋復來，痛殷兮不可裁。」

此詩慘惻哀婉，當係母兄新亡，覩物傷情，追思之作也。〈絕交書〉云：「吾新失母兄之歡，意常冤切。」〈絕交書〉作於景元元年，則此詩當亦係景元元年之作也。

又，五言詩一首與阮德如云：「含哀還舊廬，感切傷心肝。」，則與阮德如之詩，當亦是年或稍後之作也。

4.〈與呂長悌絕交書〉：當作於景元二年

呂巽字長悌，呂安字仲悌，小名阿都，兄弟也。康皆友之。巽竊安妻，事發，康為之調解，後巽內不自解，譖安不孝，康作書與絕交。其絕交書云：

> 足下陰自阻疑，密表襲都，先首服証都……都之含忍足下，實由吾言，今都獲罪，吾為負之。吾之負都，由足下之負吾也。

由上觀之，安嘗獲罪徙邊，然景元元年康作書與山巨源絕交，文中尚無安獲罪之徵象。康死於三年，則安之獲罪徙邊當在景元二年也。康之〈與呂巽絕交書〉當亦作於是年。其後安於流徙途中作書與康，內有「昔李叟入秦，及關而歎」之語，司馬氏以為終將為患，因而追捕入獄，安辭引康，康證之，俱死。而康之入獄與見殺則皆當係景元三年之事也。

5. 〈述志詩〉二首：當作於景元三年，繫獄前後所作也。

　　此二首，首以神龍自喻，慨傷不遇而遭鄙議，於是有離侶尋仙之思也。次則明賢愚殊類，蜘蛙神龜，所好不一，並恨自用身拙，知音難遇，是以欲振身遠去，思求岩穴以終也。

　　全詩哀情溢見，並有「鄙議紛流離，轗軻丁悔吝，雅志不得施」及「恨自用身拙」之語，當是繫獄前後，受謗憤悱之作也。惟詩中對生命仍未絕望，故有離侶求仙，隱居岩穴之遐思也。

6. 〈幽憤詩〉：當為景元三年入獄後所作

　　〈幽憤詩〉云：「理弊患結，卒致囹圄，對答鄙訊，縶此幽阻，實恥訟案。」據此，則當是入獄後之作無疑也。

7. 〈家戒〉：景元三年入獄後所作

　　〈家戒〉所云皆為官所宜戒懼之事也。如何善處部屬與官長，如何應酬欽酒，此皆為已成年之人所言者也。然康死時，紹方十齡，若非自覺生存無望，必不預作〈家戒〉以留示其子。故此文當係景元三年入獄，自覺生存無望之作也。

8. 〈太師箴〉：疑作於正始年間；或云作於曹、何誅後，司馬當朝之時。

　　〈太師箴〉一文，歷來學者率以為作於司馬當權之時：

　　李兆洛云：

　　　　此為司馬氏言也，若諷若惜，詞多迂曲。（《駢體文鈔》）

　　又，近人侯外廬云：

　　　　他在〈太師箴〉中，直接反映了魏晉之際的政鬥爭的慘烈，從而諷
　　　　刺了司馬氏的僭妄凶殘：「季世陵遲，繼體承資，憑尊恃勢，不友不
　　　　師，宰割天下，以奉其私。故君位益侈，臣路生心。竭智謀國，不
　　　　吝灰沈。賞罰雖存，莫勸莫禁。若乃驕盈肆志，阻兵擅權，矜威縱
　　　　虐，禍崇丘山，刑本懲暴，今以脅賢。昔為天下，今為一身。下疾

其上，君猜其臣，喪亂弘多，國乃隕顛。」這全是罵司馬氏的話。
所謂「憑尊恃勢，不友不師」「下疾其上，君猜其臣」，是指司馬氏
父子兄弟的不臣。所謂「驕盈肆志，阻兵擅權，矜威縱虐，禍崇丘
山」是指司馬氏的把持軍政大權，誅戮異己。所謂「刑本懲暴，今
以脅賢」，是指司馬氏的屢興大獄，誅鋤名士。〔註9〕

侯氏之論誠佳矣，然竊以爲亦可能作於正始年間。正始，曹爽、何晏柄政，
其情狀與司馬氏略相似。《三國志‧卷九‧曹爽傳》云：

（爽弟）羲深以爲大憂，數諫止之，又著書三篇，陳驕淫盈溢之致
禍敗，辭旨甚切，不敢斥爽，託戒諸弟以示爽，爽知其爲已發也，
甚不悅，羲或時以諫喻不納，涕泣而起。

又，《通鑑》正始九年云：

大將軍爽，驕暑無度，飲食衣服擬於乘輿……弟羲深以爲憂，數涕
泣諫止之，爽不聽。

又，何晏五言詩云：

鴻鵠比翼游，群飛戲太清，常畏大網羅，憂禍一旦并，豈若集五湖，
從流唼浮萍。永寧曠中懷，何爲怵惕驚。

正始年間曹爽當政，位高而識不足，專擅朝政，正始四年發兵十餘萬伐蜀，
無功而還。司馬氏虎視於旁，俟機而發。晏爲爽所倚重，猶有「常畏大網羅」
之歎，其他之人可知矣。爽弟羲曾諫之，疑嵇氏之〈太師箴〉亦爲是而作也。
文末云：「師臣師訓，敢獻在前。」，殆爲爽而發。文中戒其勿阻兵擅權，勿
驕矜肆志。爽不納諫，才識又不及司馬懿，故終至政變起，而爽、何同夷三
族矣。

〔註9〕見侯著《中國思想通史》第三冊第五章。

第四章　嵇康思想探究

　　嵇康之思想，乃儒家、道家、道教三者之綜合體。康與此三者之關係，則前已言之。又嵇喜之〈康傳〉云：「家世儒學，少有儁才，曠邁不群，高亮任性，不修名譽，寬簡有大量，學不師授，博洽多聞。長而好老莊之業，恬靜無欲，性好服食，嘗採御上藥。」，則康之思想殆有二變焉。家世儒學、少有儁才、學不師授，博洽多聞諸語，乃其少時之狀。至若長好老莊之業，性好服食，嘗採御上藥，則由儒轉而趨道家與道教也。

　　至若康思想之轉變，究於何時？則竊以為當於正始前後，時正為王、何揄揚玄道之時也。《文心雕龍・論說篇》云：

　　　　迄至正始，務欲守文，何晏之徒始盛玄論，於是聃周當路，與尼父
　　　　爭塗矣。

又，康之〈幽憤詩〉云：

　　　　爰及冠帶，馮寵自放。抗心希古，任其所尚。託好老莊，賤物貴身。

　　　　志在守樸，養素全真。

王、何扇玄風之時，乃正始年間事，若以康死於景元三年推之，則正始三年，康方弱冠之年。其尚主拜官皆是正始時事（請參照後附之年表）。而〈幽憤詩〉云：「爰及冠帶，馮寵自放……託好老莊，賤物貴身。」，康之自云既如此，則其思想之轉變當在弱冠前後。至其所以歸趨於老莊者，則其故有二。一為志趣所向，是以「任其所尚」而「託好老莊」也。一則「志在守樸，養素全真」，以苟免於政治之殺戮也。

　　康稍長既好老莊，故其詩文時或洋溢老子曲退守真、莊子逍遙任道之情懷。六言詩：

　　　　智慧用有為，法令滋章寇生，自然相召不停。大人玄寂無聲，鎮之

以靜自正。

又：

> 生生厚招咎，金玉滿屋莫守，古人安此麤醜，獨以道德為友，故能
> 延期不朽。

又：

> 名行顯患滋，位高勢重禍基，美色伐性不疑，厚味臘毒難治，如何
> 貪人不思。

〈贈秀才入軍詩〉：

> 琴詩可樂，遠遊可珍，含道獨往，棄智遺身，寂乎無累，何求於人，
> 長寄靈岳，怡志養神。

〈秋胡行〉：

> 絕智棄學，遊心於玄默，過而復悔，當不自得，垂釣一壑，好樂一
> 國，被髮行歌，和氣四塞，歌以言之，遊心於玄默。

〈五言詩一首與阮德如〉：

> 郢人忽已逝，匠石寢不言；澤雉窮野草，靈龜樂泥蟠。榮名穢人身，
> 高位多災患；未若捐外累，肆志養浩然。

然康既託好老莊，又癖於道教，故每將老莊之思想與煉形易色之道教牽混為一，且每思與王喬、黃、老游，「授我神藥，自生羽翼，呼吸太和，練形易色。」（〈秋胡行〉），而入於「羽化華岳，超遊清霄，雲蓋習習，六龍飄飄，左佩椒桂，右綴蘭苕，凌陽讚路，王子奉輅，婉孌名山，真人是要，齊物養生，與道逍遙。」之仙境。

又，嵇康之學雖歸趨於道，然其儒生之本色則未泯，是以於其入獄後所作之〈家戒〉，內所訓示其子者，皆儒家入世，立身處事之道，而非莊老出世，任道逍遙之思也。

上述為嵇康思想之主要體系，康之學思想既如此，故由此思想而表現之政治論、文化論、名學與夫宇宙觀、人生觀者，即有種種與人或異之卓見存焉。茲述之如下：

第一節　嵇康之政治論

嵇康以為太古之世，君民冥昧，不慮不營，上無智用，下不力求，故能

「罔或不寧」。降至皇羲，「默靜無文，大朴未虧，萬物熙熙，不夭不離。」。降而至堯唐、舜、禹，而後賢愚始判，有為無為方分，故「子州稱疾，石戶乘桴，許由鞠躬，辭長九州。」。更至其後，德衰道淪，智用日出，漸私其親，繁禮既興，刑教遂爭馳焉。嵇氏此論，見諸〈太師箴〉，是說實與老莊之「社會退化論」同，老莊亦以為太古之世朴真未缺，降至堯舜，始造作紛紜，而盜賊以興，故莊子疾呼「聖人不死，大盜不止。」，又，《老子》三十八章云：「故失道後德，失德而後仁，失仁而後義，失義而後禮。夫禮者，忠信之薄而亂之首。」嵇既與老莊同疾浮華，故尚自然而反禮教。嵇氏之社會、政治演化觀蓋若是。今節錄其〈太師箴〉一文以為佐證：

> 浩浩太素，陽曜陰凝；二儀陶化，人倫肇興。厥初冥昧，不慮不營，欲以物開，患以事成，犯機觸害，智不救生。宗長歸仁，自然之情，故君道自然，必託賢明。茫茫在昔，罔或不寧。華胥既往，紹以皇羲。默靜無文，大朴未虧，萬物熙熙，不夭不離。降及唐虞，猶篤其緒，體資易簡，應天順矩。絺裼其裳，土木其宇，物或失性，懼若在予，疇咨熙載，終禪舜禹。夫統之者勞，仰之者逸。至人重身，棄而不恤。故子州稱疾，石戶乘桴，許由鞠躬，辭長九州。先王仁愛，愍世憂時；哀萬物之將頹，然後蒞之。下逮德衰，大道沈淪。智慧日用，漸私其親。懼物乖離，攘臂立仁，名利愈競，繁禮屢陳。刑教爭馳，天性喪真。季世陵遲，繼體承資，憑尊恃勢，不友不師，宰割天下，以奉其私，故君位益侈，臣路生心。

上述為嵇生之政治、社會退化論也。尤有進者，嵇生以為世之所以有君臣之分者，乃為民而立君，非為君而生民也。易言之，上天之所以設君立王者，乃欲使眾民得遂其生，而非以天下為君王一人之財富也。是以嵇生云：「故為天下而尊君位，不為一人而重富貴也。」，皇天既不以富貴而立君，故為君者須「以萬物為心，在宥群生，由身以道，與天下同於自得，穆然以無事為業，坦爾以天下為公。」，為君者若能坦爾以天下為公，方能「視榮辱如一」，「不以人爵嬰心」。既能不以人爵嬰心矣，是以聖人雖居君位，而能恬若市衣；雖身處廟堂之上，而心無異於山林之中，此嵇生之政治哲學也，向、郭稟之以注莊。〔註1〕今徵引康說於下：

〔註1〕　《莊子‧逍遙遊》，藐姑射之山有神人。郭象注云：「此皆寄言耳。夫神人即今所謂聖人也。夫聖人雖在廟堂之上，然其心無異於山林之中，世豈識之哉？

　　嵇生答難養生論云：

　　　且聖人寶位，以富貴爲崇高者，蓋謂人君貴爲天子，富有天下也。民
　　　不可無主而存，主不能無遵而立；故爲天下而尊君位，不爲一人而重
　　　富貴也。又曰：富貴是人之所欲者，蓋爲季世惡貧賤而好富貴也。未
　　　能外榮華而安貧賤，且抑使由其道，猶不爭不可令，故許其心競。中
　　　庸不可得，故與其狂狷。此俗之談耳，不言至人當貪富貴也。至人不
　　　得已而臨天下，以萬物爲心，在宥群生，由身以道，與天下同於自得，
　　　穆然以無事爲業，坦爾以天下爲公。雖居君位，饗萬國，恬若素士接
　　　賓客也。雖建龍旂，服華袞，忽若布衣在身也。故君臣相忘於上，蒸
　　　民家足於下，豈勸百姓之尊己，割天下以自私，以富貴爲崇高，心欲
　　　之而不已哉？且子文三顯，色不加悅，柳惠三黜，容不加戚。何者？
　　　令尹之尊，不若德義之貴，三黜之賤，不傷沖粹之美。二人嘗得富貴
　　　於其身中，不以人爵嬰心也，故視榮辱如一。

嵇康所倡「不以人爵嬰心，故視榮如一」，與夫「君王雖饗萬國，恬若素士之
接賓客。雖服華袞，忽若布衣之在身。」之思想影響於魏晉者甚深。其後向、
郭注莊云：「聖人雖在廟堂之上，然其心無異於山林之中。」（〈逍遙遊〉注）；
又，《世說・言語篇》云：「竺法深在簡文坐，劉尹問：『道人何以游朱門？』
答曰：『君自見其朱門，貧道如游蓬戶。』或云下令。」，雖身游朱門，而無
異處蓬戶之中，此意亦由嵇語所衍化也。嵇生之語，本寓出世於入世之中，
以爲爲君者，當不爲外物所圍，且不以尊貴驕人，即《莊子》不以外物累心
之意。然嵇生之後，魏晉之清談者則襲其語而喪其意，且以之爲一面清談玄
道，一面招權納貨之依據；以爲出仕浮華，可與清談老莊並行不悖，雖其語
猶似嵇生，其意則與嵇氏大相逕庭矣。

　　嵇康之政治論，既主不以外物累心，故以爲帝王治世，當稟無爲簡易之
教，使夫君靜於上，臣順於下，群生安逸，默然從道，而莫知其然。其〈聲
無哀樂論〉云：

　　　古之王者，承天理物，必崇簡易之教，御無爲之治。君靜於上，臣
　　　順於下，玄化潛通，天人交泰。枯槁之類，浸育靈液，六合之内，
　　　沐浴鴻流，蕩滌塵垢，群生安逸。自求多福，默然從道，懷忠抱義，

────────────────────────────

　　徒見其戴黃屋、佩玉璽、便謂足以纓紱其心矣。見其歷山川、同民事，便謂
　　足以憔悴其神矣。豈知至至者之不虧哉。」

　　而不覺其所以然也。

無爲之世若不可得，則帝王當戒懼修教，用賢親能，且須拜納昌言。故〈太師箴〉云：「居帝王者，無曰我尊，慢爾德音。無曰我強，肆於驕淫。棄彼佞倖，納此遐顏……唯賢是授，何必親戚。」君王既如此，臣下則須竭智奉上，繼之以忠貞，「若乃驕盈肆志，阻兵擅權，矜威縱虐」則將至「禍崇丘山」也。〔註2〕

　　嵇生之政治理論既若是，故深疾季世權臣之心競。魏晉之際，皇室闇弱，權臣生心。康不滿司馬之爭權，故嘗參與於抗司馬氏之政爭中，此在前文已述之矣。至其後，且因政治立場之有異而見誅於司馬氏。觀康一生，竟以才高性烈而未能避除政爭以專致力於老莊，而終至身首異處，良亦可哀也已。

第二節　嵇康之人生觀

　　「夫喜、怒、哀、樂、愛、惡、欲、懼，人情之有也。得意則喜，見犯則怒，乖離則哀、聽和則樂，生育則愛，違好則惡，飢則欲食，逼則恐懼，凡此八者，不教而能，若論所云，即自然也。」此張遼叔〈自然好學論〉之語也。夫人性之探討，古之人嘗從事於斯矣。孔子云：「性相近也，習相遠也。」，至其後，孟子主性善；告子以爲「生之謂性」，人性猶水，無善不善；荀子則主性惡。更至其後，乃至魏世，何、王之輩起，何晏以爲聖人無喜怒哀樂諸情，王弼則以爲「聖人茂於人者神明也，同於人者五情也。神明茂故能體沖和以通無，五情同故不能無哀樂以應物，然則聖人之情，應物而無累於物者也。」，〔註3〕自是聖凡殊分。然聖之與凡，不即亦不離。聖凡所同者，五情也；所異者，一累於物，一不以物累心也。魏晉之世此說盛行。而人性之分，或曰五情，或曰七情，或曰八情，則皆隨興所云，無關宏旨。然弼之所云，唯止於聖凡之別，而不云所以爲聖之階，至嵇生出，而後此說有更具體之說明焉。

　　嵇生將人之性情分之爲二，一曰「性之動」，一曰「智之用」。所謂「性之動」者，本能之需求是也。乃良知良能，不思而得，不爲而成者也。易言之，亦即生理之需求也。所謂「智之用」者，則爲經過分別心之作用而後產

〔註2〕見〈太師箴〉。
〔註3〕見《三國志‧鍾會傳》注引何劭撰之〈王弼傳〉。

生之慾求也。此乃屬諸後天者，恆受時空之支配，隨環境之變遷而變遷。易以今語，則心理之需求是也。生理之需求則飢而求食、倦而欲眠、感而思室諸事屬之。嵇生於〈難自然好學論〉云：「夫口之於甘苦、身之於痛癢，感物而動，應事而作，不須學而後能，不待借而後有。」，是皆爲「性之動」爲「生理之需求」也。而縱欲恣情，好好色，惡惡臭，愛賢憎愚，諸對事物之分別與好惡，則爲「智之用」，爲「心理之需求」也。心理之慾每逐時空之異而異，是以「人從少至長，降殺好惡有盛衰。或稚年所樂，壯而棄之。始之所薄，終而重之。當其所悅，謂不可奪；值其所醜，謂不可歡。然還成易地，則情變於初。苟嗜欲有變，安知今之所耽，不爲臭腐；曩之所賤，不爲奇美邪？」。概言之，生理之需求較易滿足；夫飢時唯求果腹而已，山珍海味與糟糠疏食，其作用同也。感而思室，意在宣淫，嫫母、西施，究或何異？求果腹乃爲「性之動」也。然若執著於山珍海味與糟糠疏食之別，亦即於此二者起分別心而有取捨，則爲「智之用」也。宣洩淫欲乃爲「性之動」也。然若愛西施而憎嫫母，於二者有趨避，則爲「智之用」也。是以生理之需求易於解決，心理之需求則須因人而異，其慾望高者，其滿足益不易也。是以嵇生云：

> 夫不慮而欲，性之動也。識而後感，智之用也。性動者，遇物而當，足則無餘。智用者，從感而求，勌而不已。故世之所患，禍之所由，常在於智用，不在於性動。今使瞽者遇室，則西施與嫫母同情。聵者忘味，則糟糠與精粹等甘。豈識賢、愚、好、醜，以愛憎亂心哉？
> （〈答難養生論〉）

「性之動」者，遇物而當，足則不復思矣。「智之用」者，若縱而不收，則將逐物而喪性也。故處理二者之道，嵇生以爲：

> 君子識智以無恆傷生，欲以逐物害性；故智用則收之以恬，欲動則糾之以和。使智止於恬，性足於和，然後神以默醇，體以和成，去累除害，與彼更生。所謂不見可欲，使心不亂者也。縱令滋味嘗染於口，聲色已開於心，則可以至理遣之，多算勝之，何以言之也？夫欲官不識君位，思室不擬親戚。何者？知其所不得，則未當生心也。故嗜酒者自抑於鴆醴，貪食者忍飢於漏脯，知吉凶之理，故背之不惑，棄之不疑也。豈恨不得酖飲與大嚼哉？且逆旅之妾，惡者以自惡爲貴，美者以自美得賤。美惡之形在目，而貴賤不同，是非之情先著，故美惡不得移也。苟云理足於內，乘一以御外，何物之

能默哉？由此言之，性氣自和，則無所困於防閑；情志自平，則無
鬱而不通，世之多累，由見之不明也。（〈答難養生論〉）

智用既隨時空而異，欲動則易流於逐物，故嵇生以爲宜收之以恬，糾之以和。
易言之，心理之慾求若熾甚，則宜以恬淡寡慾排遣之。本能之慾求（生理）
若興起，則宜輸導合理，不可流於逐物，如禽獸之爲求淫飽而不顧其餘。是
以「欲官不識君位，思室不擬親戚」「嗜酒者自抑於鴆醴，貪食者忍飢於漏脯」，
縱令嘗染於口，聲色已開於心，亦宜以至理遣之，多算勝之。使性動宣洩得
宜，令智用漸歸於恬。其始雖有爲以抑之，至其後，則無爲而自然。終至本
性自然恬和，無須防閑亦不犯禮也。而臻「性氣自和，則無所困於防閑，情
志自平，則無鬱而不通」之境。儒家聖人之所以爲聖，乃先修身自抑，至其
後則「從心所欲而不踰矩」，嵇生之意亦似之也。

嵇生之於智用、性動，其處理方式既若上矣，而時人則或不以爲然。向
秀以爲「從欲爲得性」；嵇生則駁斥之，以爲若以從欲爲得性，「則渴酌者非
病。淫湎者非過，桀跖之徒皆得自然」（〈答難養生論〉），且以爲「嗜欲雖出
於人，而非道德之正。猶木之有蝎，雖木之所生，而非木之所宜也。故蝎盛
則木朽，欲勝則身枯。」，故嵇生將欲望分之爲智之用、性之動二者，而以爲
宜收之以恬，糾之以和也。

上述爲嵇生之論人性也。嵇生既謂人性之嗜欲宜收之以恬，糾之以和，
以至理遣之，以多算勝之。故嵇生之於富貴，乃重意足而鄙逐物也。〈答難養
生論〉云：

故世之難得者，非財也，非榮也，患意之不足耳。意足者，雖耦耕
𤱶畝，被褐啜菽，莫不自得！不足者雖養以天下，委以萬物，猶未
惬然。則足者不須外，不足者無外之不須也。無不須，故無往而不
乏；無所須，故無適而不足。不以榮華肆志，不以隱約趨俗，混乎
與萬物並行，不可寵辱，此眞有富貴也。故遺貴欲貴者，賤及之。
忘富欲富者，貧得之，理之然也。今居榮華而憂，雖與榮華偕老，
亦所以終身長愁耳。故老子曰：「樂莫大於無憂，富莫大於知足。」
此之謂也。

嵇生既主人性宜收之以恬、糾之以和，故嵇生預爲處世宜安心全神，「愛憎不
棲於情，憂喜不留於意」，使夫「泊然無感而體氣和平」，而不使夫喜怒愛憎
累心伐性，是以嵇生不輕易喜怒。王戎與之居二十年，不見其喜怒之色，雖

日服五石散之禁忌使然，亦康之思想有以致之也。其於〈養生論〉云：

> 夫爲稼於湯之世，偏有一溉之功者，雖終歸於焦爛，必一溉者後枯。
> 然則一溉之益，固不可誣也。而世常謂一怒不足以侵性，一哀不足
> 以傷身；輕而肆之，是猶不識一溉之益，而望嘉穀於旱苗者也。

嵇康之人生觀雖重曲退、重意足、不輕擾其心性，以至理多算遣情欲。觀是則嵇生當可全性保身矣。然嵇生其人，既有至理，亦有至情，集理智與情感於一身。此二者雖似矛盾，然亦可並集於一身也。《世說・品藻篇》云：「卞望之云：『郗公體中有三反；方於事上，好下佞己，一反。治身清貞，大脩計校，二反。自好讀書，憎人學問，三反。』」，人之思維概念時相矛盾，而又能將矛盾統一。嵇生亦若是也。嵇生既有收之糾之之法，至理多算之方，然復又疏於言行，終因才高性烈以致禍，此行不符言之故也。

又，嵇生雖以道教、道家爲歸趨，越名教而任自然；然儒家之剛毅、修身諸美德，則未嘗一日或忘也。觀其臨終之〈家戒〉，則可知矣。

第三節　嵇康之文化論

嵇康之文化論，與其社會論，皆同於老莊，主「退化」之說。嵇生以爲太古之世，樸眞未虧，君無文於上，民無競於下，物各遂生，莫不自得。至其後，大道陵遲，而後始作文墨，六經分錯，百家爭鳴，而榮利之途以之開，爭競之心因之興。嵇生〈難自然好學論〉云：

> 鴻荒之世，大樸未虧，君無文之上，民無競於下，物全理順，莫不
> 自得。飽則安寢，飢則求食，怡然鼓腹，不知爲至德之世也。若此
> 則安知仁義之端、禮律之文？及至人不存，大道陵遲，乃始作文墨
> 以傳其意，區別群物，使有類族，造立仁義，以嬰其心。制爲名分，
> 以檢其外；勸學講文，以神其教。故六經紛錯，百家繁熾，開榮利
> 之塗，故奔騖而不覺。

亂世盜賊興，是以標立仁義、重六經，以爲治世之本。故知有仁義、六經之世，則非至道之世也。忘仁棄義，而所行不踰矩者，斯至道之世也。仁義既非至妙之物，是以嵇生越名教而任自然也。而六經者，所以修習仁義之典籍也。孔子之後，累世稟之以行事。兩漢之世崇聖宗經之風特盛，於是非先王之法言不敢言，非先王之法服不敢服。儒者拘拘於禮教之文，奸人以之行簒

逆之實。是以嵇生非薄仁義，醜詆六經：

> 六經以抑引爲主，人性以從欲爲歡。抑引則違其願，從欲則得自然。
> 然則自然之得，不由抑引之六經。全性之本，不須犯情之禮律。固
> 知仁義務於理僞，非養眞之要術。廉讓生於爭奪，非自然之所出也。

有爭奪而後重廉讓，有虛僞而後講仁義。大道陵遲，樸眞已虧，而後造作六
經之文。學者當藉由六經進求至道，得意以忘言。不當本末倒置，捨本而逐
末也。今之學者，既不識於樸眞，復以學而致榮，以積學明經代稼穡。是以
有六經爲太陽，不學爲長夜之論。故嵇生駁之云：

> 今若以明堂爲丙舍，以諷誦爲鬼語，以六經爲蕪穢，以仁義爲臭腐。
> 覩文籍則目瞧，修克讓則變傴，襲章服則轉筋，譚禮典則齒齲。於
> 是兼而棄之，與萬物爲更始，則吾子雖好學不倦，猶將闕焉。則向
> 之不學，未必爲長夜，六經未必爲太陽也。（〈難自然好學論〉）。

再者嵇生以爲輔政化俗之禮樂乃當以心爲重，形式次之。故其於〈聲無哀樂
論〉云：

> 「樂云樂云，鐘鼓云乎哉？哀云哀云，哭泣云乎哉？因茲而言，玉
> 帛非禮敬之實，歌舞非悲哀之主也。」又云：「樂之爲體，以心爲主。
> 故無聲之樂，民之父母也。至八音會諧，人之所悅，亦總謂之樂。
> 然風俗移易，本不在此也。」

嵇生之論禮樂既首重於心，故以爲無聲之樂，無文之禮，爲民之父母。然此
至善之道，非人人可及，故退而求其次，造作「可奉之禮」，制「可導之樂」。
是以嵇生云：

> 夫音聲和比，人情所不能已者也。是以古人知情不可放，故抑其所
> 遁；知欲不可絕，故自以爲致，故爲可奉之禮，制可導之樂，口不
> 盡味，樂不極音；揆終將之宜，度賢愚之中，爲之檢，則使遠近同
> 風，用而不竭，亦所以結忠信，著不遷也。故鄉校庠塾亦隨之。使
> 絲竹與俎豆並存，羽毛與揖讓俱用，正言與和聲同發。（仝上）

上述爲嵇生之文化論也。綜歸之，嵇生反對盲目之崇聖宗經，且以爲仁義非
至道之物。故主張宜去仁義以求至道，越名教而任自然。至若世俗之禮樂教
化，嵇生則以爲當以心爲重，至樂無聲，至禮無文，若樸眞可求，則形式不
必拘。故阮籍喪母，飲酒食肉，嵇生往弔，挾琴而歌。概言之，嵇生之文化
論，乃爲背儒向道之文化論也。

第四節　嵇康之名學

　　邏輯論辯之學自古有之。漢言名學，天竺謂之因明，西洋謂之邏輯論理。
　　先秦之時，名墨皆尚談辯，堅白碧雞之說至今傳稱不絕，然其玄旨早佚，
妙處不傳。今所存者，唯《墨經》、《公孫龍子》二書可略窺其一斑耳；而其
論辯之技巧與法規則不見載錄焉。夫天竺則不然。天竺自古有因明之學，論
辯方式著之典籍，且以之課蒙。玄奘《西域記》曰：「開蒙誘進，先遵十二章，
七歲之後，漸授五明大論。一曰聲明；釋詁訓字，詮目流別。二曰巧明；技
術機關，陰陽曆數。三曰醫方明；禁呪閑邪，藥石針艾。四謂因明；考定正
邪，研覈眞僞。五曰內明；客暢五乘因果妙理。」，是因明爲治學之所必研者
也。然講求因明，須明三量：即現量、比量、聖教量是也。現量者，乃向色
等諸法現實量知其自相而略無分別推求之念也。易言之，即感官直覺感應外
界事物之謂也。耳聞聲、目見色，此現量也。比量者，以分別之心比類已知
之事也。易言之，即今之推理是也。譬見遠山有煙，比知於彼有火，此比量
也。聖教量者，與理契合者，是名爲聖，聖人之所說，謂之聖教。聖人學行，
超乎吾儕，其所言者，當較可據信。故聖教量亦爲因明三量之一也。至若因
明之論辯方式，則其先爲五分論式，至陳那起，而授三支論式興。三支論式
者：宗、因、喻是也。三支論式與西洋論理學之三段論法相若。宗者，即三
段論法之結論也。因者，小前提也。喻者，大前提也。三段論法爲西洋邏輯
論理之論辯方式。其綜理學術之方法則：曰歸納法，曰演繹法。演繹法者，
即由普遍之原理，以推斷特殊眞象之謂也。歸納法者，則由種種特殊之事例，
以歸納出一般原理也。捨此而外，西洋論理學上思考之法則有三：曰矛盾律，
曰排中律，曰同一律。矛盾律者，謂既就一事物加以肯定，即不能同時否定
之；或既否定之，即不能同時加以肯定也。排中律者，即同一之思考對象，
在肯定與否定之間，二者必居其一，且僅居之一，不容有兩屬之情況也。同
一律或曰自同律，即物自與其本身相同之謂也。
　　上述爲中西今往名學之一斑。魏晉之世，玄學突興，名學亦隨之而起。
其間講求論辯之技巧與其理論者，則劉邵《人物志》是也。而能集此時論辯
技巧於一身，且創出不朽之玄論者，則當首推嵇生。嵇生之世，雖名家之學
此際暫生，然佛學尚無與玄學混流之跡。西洋之邏輯思維，更絕未傳入，而
嵇生之玄論，其論辯技巧，竟或與二者相冥合，殆亦「英雄之見略同」者乎！
今略舉其所常用之論辯方式於下：

一、矛盾律之運用

矛盾律與排中律皆嵇康所常用者也，茲舉例於後：

〈難宅無吉凶攝生論〉云：

> 既曰：「壽夭不可求，甚於貴賤。」而復曰：「善求壽強者，必先知
> 夭疾之所自來，然後可防也。」然則壽夭果可求邪？不可求也？既
> 曰：「彭祖三百，殤子之夭，皆性命自然。」而復曰：「不知防疾，
> 致壽去夭，求實於虛，故性命不遂。」此爲壽夭之來，生於用身，
> 性命之遂，得於善求。然則夭短者，何得不謂之愚？壽延者，何得
> 不謂之智？苟壽夭成於愚智，則自然之命，不可求之論，奚所措之？
> 凡此數事，亦雅論之矛戟矣。

〈答釋難宅無吉凶攝生論〉：

> 若命之成敗，取足於信順，故是吾前難，壽夭成於愚智耳，安得有
> 性命自然也。若信順果成相命，請問亞夫有幾惡以得餓？英布修何
> 德以致王？生羊積幾善而獲存？死者負何罪以逢災邪？既持相命，
> 復惜信順。欲飾二論，使得並通。恐似矛楯無俱立之勢，非辯言所
> 能兩濟也。

二、排中律之運用

〈答釋難宅無吉凶攝生論〉：

> 案如所論，甚有則愚，甚無則誕。今使小有，便得不愚邪？了無乃
> 得離之也？若小有則不愚，吾未知小有其所限止也。若了無乃得離
> 之，則甚無者，無爲謂之誕也。又曰：「私神立，則公神廢。」，然
> 則唯惡夫私之害公，邪之傷正，不爲無神也。向墨子立公神之城，
> 狀不甚有之說，使董生託正忌之塗，執不甚無之言。二賢雅趣，可
> 得合而一，兩無不失邪？今之所辨，欲求實有實無，以明自然不詭；
> 持論有工拙，議教有精麤也。尋雅論之指，謂河洛不神，借助鬼神，
> 故爲之宗廟，以神其本。不答子貢，以救其然，則足下得不爲託心
> 無神鬼，齊契於董生邪？而復顧古人之言，懼無鬼神之弊。貌與情
> 乖，立從公廢私之論，欲彌縫兩端，使不愚不誕，兩譏薰蕕。謂其
> 中央，可得而居？恐辭辨雖巧，難可俱通。

三、現量、比量、聖教量之運用

　　嵇生玄論，其論難之道，或以比量駁現量，或以現量證比量；或疑似比量之譌，或譏似現量之失眞；有以聖教量駁現量者，有以比量證成聖教量者。〈養生論〉云：「夫神仙雖不目見，然記籍所載，前史所傳，較而論之，其有必矣。」，目見者，現量也。較而論之者，比量也。記籍所載，前史所傳，聖教量也。此以比量、聖教量駁難現量之例也。〈養生論〉又云：「夫至物微妙，可以理知，難以目識。」，理知者，比量也。目識者，現量也。此以比量駁現量也。又，〈難自然好學論〉云：「難曰：夫口之於甘苦，身之於痛癢，感物而動，應事而作，不須學而後能，不待借而後有。此必然之理，吾所不易也。今子以必然之理，喻未必然之好學，則恐似是而非之議，學如一粟之論，於是乎在也。」，以必然之理，喻未必然之事，此以非類相推而致譌也。非類相推，於佛學名似比量。所以名似比量者，蓋以其推理有似於比量也。以其似而非眞，故譌而失正也。嵇生於三量之運用，蓋皆若是。其餘之例，率可由其玄論摘取而得，故不贅述焉。

四、以一理駁眾說

　　論難之道，或集眾說以攻敵理，或以一理而擊眾說。嵇生學行異乎常人，故其玄論，乃以一理而駁眾說者居多焉。茲錄數則於後，以見其一斑：

〈養生論〉云：

　　馳騁常人之域，故有一切之壽。仰觀俯察，莫不皆然。以多目證，以同自慰。謂天地之理，盡此而已矣。

〈答難養生論〉：

　　凡若此類，上以周孔爲關鍵，畢志一誠；下以嗜欲爲鞭策，欲罷不能。馳騖於世教之內，爭巧於榮辱之間。以多同自減，思不出位，使奇事絕於所見，妙理斷於常論；以言通變達微，未之聞也。

〈聲無哀樂論〉：

　　夫推類辨物，當先求之自然之理，理已足，然後借古義以明之耳。今未得之於心，而多恃前言以爲談證，自此以往，恐巧歷不能紀耳。

第五章　嵇康玄論

　　嵇康之玄論旨深義明，而辯論之方式則周密賅備，能奪人之守而敗人之攻。劉邵《人物志‧材理第四》云：「若說而不難，各陳所見，則莫知所由矣。由此論之，談而定理者眇矣。必也聰能聽序，思能造端，明能見機，辭能辯意，捷能攝失，守能待攻，攻能奪守，奪能易守。兼此八者，然後乃能通於天下之理，通於天下之理，則能通人矣。」，聽序、造端、見機、辯意、攝失、待攻、奪守、易予，茲八項論辯技巧，嵇生玄論可謂皆具之矣。是以嵇生玄論，不惟其時，且於其後，皆爲治清談者必研讀之寶典也。然其玄論究有幾篇，史無明載，今存於嵇康集者，則有下數篇焉：

　　〈養生論〉、〈答難養生論〉

　　〈聲無哀樂論〉

　　〈釋私論〉

　　〈管蔡論〉

　　〈明膽論〉

　　〈難自然好學論〉

　　〈難宅無吉凶攝生論〉、〈答釋難宅無吉凶攝生論〉

　　嵇生玄論雖爲世所重，然歷世學者能著書闡其說者甚鮮矣。此無他，蓋以嵇生玄論義奧而玄也。是以學者或闕或略，鮮能詳釋焉。今則狠以所見，試加申述。

第一節　〈養生論〉

一、莊子〈養生主〉──嵇康〈養生論〉──葛洪〈養生論〉

　　養生之說，其最早見者，殆爲莊生〈養生主〉也。《莊子》書雖有熊經鳥申，導引吐納之說，然於〈養生主〉一文，莊生則以爲養生之道不外「棄智」與「安時處順」二者。生有涯，知無涯，是故「棄智」。且人不能勝天也久矣，唯有安時而處順，方不爲哀樂所圍。此莊生養生之大略也。若究其旨意，則欲人不爲物累，心不與物忤耳。王先謙《莊子集解》云：「順事而不滯於物，冥情而不攖其天，此莊子養生之宗主也。」，是莊生之養生乃首重心靈之修鍊，其於外丹採藥與夫導引之說則不表讚同也。《莊子·刻意篇》云：「吹呴呼吸，吐故納新，熊經鳥申，爲壽而已矣。此導引之士，養形之人，彭祖壽考者之所好也。若夫不刻意而高，無仁義而修，無功名而治，無江海而閒，不導引而壽，無不忘也，無不有也。澹然無極，而眾美從之，此天地之道，聖人之德也。」，莊生既薄熊經道引之徒，故以爲養生宜與時俱遷，順物而不忤於物，處世當如庖丁之解牛，游刃於牛體之中，而刃不稍損。處事於煩難之中，而神不稍傷。而其於生死，則略不執著，「適來，夫子時也。適去，夫子順也。安時而處順，哀樂不能入也。」，莊生所見既如是，故其養生乃求順世而不攖生，而非如方士之企求長生也。

　　《莊子》之書雖盛行於魏晉之世，然其養生之說至嵇生而有轉變。嵇生既以老莊爲師，又且融受道教方術之說，故其養生乃從二處入手。一爲內在之心靈，一爲外在之丹藥。其於內在修心之說，與莊生之論見略同；仍不外崇自然，絕物慾。其於外在之丹藥，則主張以芝草、雲母諸藥物改變生理，而達至長生之效。故嵇生之於生死，乃不若莊生之灑脫。好生惡死之言，處處躍然紙上。

　　稍後，葛洪出，葛氏亦有〈養生論〉一文，重保神養氣，云養生必先除六害：「一曰薄名利，二曰禁聲色，三曰廉貨財，四曰損滋味，五曰除佞妄，六曰去沮嫉。」，且欲人「少思、少念、少笑、少言、少喜、少怒、少樂、少愁、少好、少惡、少事、少機。」，葛氏此文顯係受嵇生之影響。嵇生〈答難養生論〉云：「養生有五難：名利不滅、此一難也。喜怒不除，此二難也。聲色不去，此三難也。滋味不絕，此四難也。神虛精散，此五難也。」，摒除聲色、喜怒、滋味、愛憎諸慾念，此嵇、葛之所同也。然葛氏好道有甚於嵇，

是以又有行善、奪算之說，且重黃白治煉之術，此又嵇、葛之所異也。

二、嵇生養生論探究

嵇生以為神仙秉性自然，非力學可得。若導養得理，則可與羨門比壽、王喬爭年。是以作〈養生論〉。此論一出，向秀嘗作論以難之，其後嵇生又據向秀之論難，作論以答辯之。三文今皆存於嵇康集中。然向秀之〈難養生論〉，不惟詞旨意境去嵇生遠甚，且所持之論點與其稍後注莊之語意亦相違異。是以近人牟宗三氏以為向秀作〈難養生論〉，究其心跡，當如《晉書》所云：「蓋欲發康高致」也。〔註1〕今綜歸嵇生〈養生論〉、〈答難養生論〉二文之旨義，略分宗旨、修鍊之道二者以探究其養生之說。

1. 宗　旨

〈養生論〉云：「（神仙）似特受異氣，稟之自然，非積學所能致也。至於導養得理，以盡性命。上獲千餘歲，下可數百年，可有之耳。而世皆不精，故莫能得之。」，此嵇生養生說之宗旨也。其文皆為闡釋此語而發耳。然此語雖簡而其義則晦而易謬。何者？茲申之於後：

所謂「神仙秉性自然，非積學所得」，近世學者率以「神仙自然天成，不假修鍊。」釋之。然吾儕若據嵇生詩文以觀，則知嵇生「神仙稟性自然，非積學所得」，非謂生而有靈異，不假修鍊即為神仙之謂也。果若是則天生為仙為神，即為仙神。天生而凡而愚，即永為凡愚矣。聖凡永隔，其道不通，性稟既定，何貴養生哉？是知嵇生非是之謂也。〈遊仙詩〉云：

> 飄颻戲玄圃，黃老路相逢。授我自然道，曠若發童蒙。採藥鍾山嵎，服食改姿容。蟬蛻棄穢累，結交家梧桐。臨觴奏九韶，雅歌何邕邕？
> 長與俗人別，誰能觀其蹤？

〈秋胡行〉云：

> 「思與王喬，乘雲遊八極。凌厲五岳，忽行萬億。授我神藥，自生羽翼。呼吸太和，練形易色。歌以言之，思行遊八極。」又云：「徘徊鍾山，息駕於層城。上蔭華蓋，下采若英。受道王母，遂升紫庭。逍遙天衢，千載長生。歌以言之，徘徊於層城。」

五言詩云：

〔註1〕參牟宗三《才性與玄理》第六章及第九章。

俗人不可親，松喬是可鄰。何爲穢濁間，動搖增垢塵？慷慨之遠遊，
整駕俟良辰。輕舉翔區外，濯翼扶桑津。徘徊戲靈岳，彈琴詠泰眞。
滄水澡五歲，變化忽若神。恆娥進妙藥，毛羽翕光新。一縱發開陽，
俯視當路人。哀哉世間人，何足久託身！

由上觀之，嵇生顯係以爲神仙長生之道可傳授而得，可修鍊而成，非聖凡永
隔，聖者永聖，凡者長凡也。仙聖既可導鍊而致，故〈答難養生論〉云：「赤
斧以練丹頳髮，涓子以朮精久延，偓佺以松實方目，赤松以水玉乘煙，務光
以蒲韭長耳，卭疏以石髓駐年，方回以雲母變化，昌容以蓬蔂易顏。」，藥物
既可益年長生，是故嵇生嘗隨王烈入山採藥也。既有神藥，則神仙可修鍊而
得矣。然若此語爲是，則「神仙秉性自然，不可積學而致」當作何解耶？竊
以爲嵇生「秉性自然」之意乃指「仙骨」而言也。「仙骨」爲自然生成，人所
稟之於天者也。學仙者須具「仙骨」，更益之以力學，方可成仙成聖。上之所
云諸仙，若赤松，若涓子之流，皆爲具仙骨而益之以力學者也。若無仙骨，
僅藉力學，則至其極，亦不過延生久壽耳，不得臻至神仙之境也。然不論仙
骨之有無，採藥修鍊如能得理，則至少亦可久壽長生，有仙骨者甚且可以爲
仙爲神。是以嵇生以爲養生之術皆人人所應迫切學習者也。

　　仙骨＋力學＝神仙

　　凡骨＋力學＝延年久壽

　　嵇生此思想至葛洪《抱朴子》而略有轉變，葛氏重力學，以爲修煉得理，
人人可得而仙，而不論其仙骨之有無也。甚且一人登仙，雞犬亦可昇天。葛
氏此論大異於嵇。然於同書葛氏又云成仙須具仙骨，是以練丹不可令俗人見。
此種神仙秉性自然，有仙骨凡骨之分，則又大似於嵇。此二種觀念乃相左相
反者也。然葛洪卻賅而俱之，而不覺察其矛盾也。《抱朴子·內篇·對俗》云：

或人難曰：「人中之有老彭，猶木中之有松柏，稟之自然，何可學得
乎？」，抱朴子曰：「夫陶冶造化，莫靈於人，故達其淺者，則能役
用萬物；得其深者，則能長生久視。知上藥之延年，故服其藥以求
仙。知龜鶴之遐壽，故效其道引以增年。且夫松柏枝葉與眾木則別，
龜鶴體貌與眾蟲則殊，至於彭老猶是人耳，非異類。而壽獨長者，
由於得道，非自然也。眾木不能法松柏，諸蟲不能學龜鶴，是以短
折耳。人有明哲，能修彭老之道，則可與之同功矣。若謂世無仙人
乎？然前哲所記近將千人，皆有姓字及有施爲本末，非虛言也。若

謂彼皆特稟異氣，然其相傳，皆有師奉服食，非生知也。」

是篇葛氏以爲神仙非稟性自然，乃是力學而致，且不以「特稟異氣」爲是，則當無仙骨凡骨之分矣。觀其「若謂彼皆特稟異氣。然其相傳，皆有師奉服食，非生知也。」似爲駁嵇生成仙須具仙骨而發。然其於〈金丹篇〉則云：

> 服神丹令人壽無窮已，與天地相畢，乘雲駕龍，上下太清，黃帝以
> 傳玄子。戒之曰：「此道至重，必以授賢，苟非其人，雖積玉如山，
> 勿以此道告之也……無神仙之骨亦不可得見此道也。合丹當於名山
> 之中，無人之地。結伴不過三人，先齋百日，沐浴五香，致加精潔，
> 勿近穢污及與俗人往來。又不令不信道者知之，謗毀神藥，藥不成
> 矣。成則可以舉家皆仙，不但一身耳。」

於此篇葛氏顯又以爲神仙須具仙骨乃能學得。今若推究葛氏所以同具二矛盾概念於一身者，則殆爲其既許人人可成仙，勉人努力向道，以利一己道業之推廣，爲民所崇仰。倘若求仙不得，則葛氏復可以無仙骨，或鍊丹不愼爲俗人所見，或藥物不精諸事以搪塞之。然亦殆以葛氏所見所學之道書繁多，其說又雜，二說適並存，而葛氏未能將之融會以成一家之言，是以葛氏之書時有矛盾處，或同時呈現出二三種之說法。

復次，嵇生於〈養生論〉一文所言及之藥物，率以朮精、松實等植物，與雲母、石髓諸礦物爲主。然至抱朴子則以冶鍊黃、白（金、銀）之術爲重矣。此亦二人之異也。

2. 修鍊之方

延年久壽既可求得，然則如何方可致得耶？嵇生於〈養生論〉中，嘗述及修鍊之二法門：一爲養神，一則養形也。述之於下：

（1）養神（修心、心理——內在）

所謂養神也者，乃指內在心靈之修鍊而言也。欲使夫心靈虛靜無爲，自然自得也。至若所以重養神修心之故，則嵇生云：「精神之於形骸，猶國之有君也。神躁於中，而形喪於外；猶君昏於上，國亂於下也。」，心理可影響於生理。是以嵇生復於〈養生論〉云：

> 夫服藥求汗，或有弗獲，而愧情一集，渙然流離。終朝未餐，則囂
> 然思食，而曾子銜哀，七日不飢。夜分而坐，則低迷思寢，內懷殷
> 憂，則達旦不瞑。勁刷理鬢，醇醴發顏，僅乃得之；壯士之怒，赫
> 然殊觀，植髮衝冠。

心理之於生理既有若是之影響，是以養生須著重內在心理之狀態。不可使之過喜過怒，喜怒太過則擾亂心湖之平靜矣。〈養生論〉云：

> 形恃神以立，神須形以存。悟生理之易失，知一過之害生。故修性以保神，安心以全身。愛憎不棲於情，憂喜不留於意。泊然無感，而體氣和平。

七情既傷生害性，故不便棲之於心，留之於意也。復次，傷生之至大者，莫若慾念。是以宜慎處之。嵇生於〈答難養生論〉，將之分別爲二：一曰性之動；一曰智之用。生理之慾易足，心理之慾難致。此皆於上章嘗言之矣。心理之慾既不易滿足，故嵇生以爲人之於物慾，宜重「意足」，意足則心性不擾，泊然無感，而體氣和平矣。故〈難養生論〉云：「足者不須外，不足者無外之不須也。」，意既足矣，即不逐物。既不逐物矣。則物慾自絕。是故養生者之絕物慾，當爲自然而然者，而非強禁而後止也。〈養生論〉云：

> 知名位之傷德，故忽而不營，非欲而彊禁也。識厚味之害性，故棄而弗顧，非貪而後抑也。

然嵇生所云禁絕物慾乃自然而然，非強抑者，實乃就其修鍊最高成果而言，而非始學者之所能也。何者？蓋以能自然禁絕者實鮮也。況「自然」之形成，其類殆可別之爲二：一曰本性使然，不假強仰；一則本非如此，習慣而成自然。易言之，強抑雖違性，然久之成習，雖不強抑亦不改變，至其後，非惟不違性，且成其性，則自與天合矣。嵇生禁欲之說，於此似有欠缺然。

綜歸之，嵇生之於內在心靈修鍊，重意足，欲人恬淡平和，自然禁絕物慾，使夫寧謐之心湖不爲七情所擾。

（2）養形（以導引、藥物改變生理——外在）

所謂養形也者，亦即以導引、藥物改變體內之生理結構，使之長生久視也。嵇生見「榆令人瞑，合歡蠲忿」知藥物可改變生理，故有求神藥以登仙之思。又以爲呼吸吐納，可還質易性，效龜鶴之長壽。故以爲養形當以導引與藥物並重。〈養生論〉云：

> 「呼吸吐納，服食養身，使形神相親，表裡俱濟也。」又云：「豆令人重，榆令人瞑，合歡蠲忿，萱草忘憂，愚智所共知也。薰辛害目，豚魚不養，常世所識也。虱處頭而黑，麝食柏而香，頸處險而癭，齒居晉而黃。推此而言，凡所食之氣，蒸性染身，莫不相應。豈惟蒸之使重，而無使輕；害之使闇，而無使明；薰之使黃，而無使堅；

> 芬之使者，而無使延哉？故神農曰：「上藥養命，中藥養性」者，誠
> 知性命之理，因輔養以通也。」

藥物可使人病，亦可使人癒；可令人夭，亦可令人壽。既所食之氣，可蒸性
染身，故可以藥物延生。然藥物有上、中、下之別，故其效用亦不一。瓊蕊
玉英、金丹、石菌，此上藥也。然上藥難求，世人愚闇，故守稷稻而疵神藥。
〈答難養生論〉云：

> 夫所知麥之善於菽，稻之勝於稷，由有效而識之。假無稻稷之域，
> 必以菽麥為珍養，謂不可尚矣。然則世人不知上藥良於稻稷，猶守
> 菽麥之賢於蓬蒿，而必天下之無稻稷也……流泉甘醴，瓊蕊玉英，
> 金丹石菌，紫芝黃精，皆眾靈含英，獨發其生，貞香難歇，和氣充
> 盈，澡雪五藏，疏徹開明，吮之者體輕。又練骸易氣，染骨柔筋，
> 滌垢澤穢，志凌青雲。若此以往，何五穀之養哉？且螟蛉有子，果
> 蠃負之，性之變也。橘渡江為枳，易土而變，形之異也。納所食之
> 氣，還質易性，豈不然哉？故赤斧以練丹頳髮，涓子以朮精久延，
> 偓佺以松實方目，赤松以水玉乘煙，務光以蒲韭長耳，邛疏以石髓
> 駐年，方品以雲母變化，昌容以蓬蔂易顏。若此之類，不可詳載也。
> 孰云五穀為最，而上藥無益哉？

嵇生以為五穀僅能恃之以生，而非養生之具。且長食五穀，將令人「竭辱精
神，染污六府」，是故欲養生登仙，須假瓊蕊玉英諸神藥，與夫練骸易氣之導
引，方能「澡雪五藏」、「染骨柔筋」，使人之生理起變化。令人疏徹開朗，而
得久壽長生。

　　由上述觀之，嵇生養生之道有二：一由心理著手，主恬淡寡欲，不以外
物擾心；一由生理著手，假導引、藥物之方，以致長生。易言之，叔夜之養
生，內去清欲，外調飲食是也。其去情欲，不以物累心，與莊子同。其外調
飲食，去滋味，蒸以靈芝，潤以醴泉，與道教同。而養生者則須合二者於一
身；心理、生理兼顧，方易奏功。故養生論云：

> 外物以累心不存，神氣以醇白獨著。曠然無憂患，寂然無思慮。又
> 守之以一，養之以和，和理日濟，同乎大順。然後蒸以靈芝，潤以
> 醴泉，晞以朝陽，綏以五絃。無為自得，體妙心玄。忘歡而後樂足，
> 遺生而後身存。若此以往，庶可與羨門比壽，王喬爭年。何為其無
> 有哉？

既能不以外物累心，復蒸之以靈芝。心理、生理並重，而后可與羨門比壽、王喬爭年也。

長生既可得，而世人之所以不得長生者，則嵇生以爲殆有以下數因焉。

甲、不　信

常人囿於已見，「思不出位」且「以多自證，以同自慰」，不信養生神仙之說爲實有，以爲「上壽百二十，古今所同，過此以往，莫非妖妄。」，既謂神仙不存，稟命有限，長壽不可得。則欲其導引、服餌以求仙，誠亦難矣。

〈養生論〉云：

> 馳騁常人之域，故有一切之壽，仰觀俯察，莫不皆然，以多自證，以同自慰，謂天地之理，盡此而已矣。縱聞養生之事，則斷以所見，謂之不然。

〈答難養生論〉云：

> 又責千歲以來，目未之見，謂無其人。即問談者，見千歲人，何以別之？欲校之以形，則與人不異，欲驗之以年，則朝菌無以知晦朔，蜉蝣無以識靈龜。然則千歲雖在市朝，固非小年之所辨矣。

乙、縱　慾

養生須修心，修心首重節慾、重恬淡。然常人縱慾不休，縱慾不休則智亂，智亂則神銷，神銷則體衰，而後百病叢生矣。世人以縱慾爲歡，欲其長壽久生亦難矣。〈養生論〉云：

> 世人不察，惟五穀是見，聲色是耽。目惑玄黃，耳務淫哇。滋味煎其府藏，醴醪煮其腸胃，香芳腐其骨髓，喜怒悖其正氣，思慮銷其精神，哀樂殃其平粹。夫以蕞爾之軀，攻之者非一途。易竭之身，而外內受敵。身非木石，其能久乎？

〈答難養生論〉云：

> 所以貴智而尚動者，以其能益生而厚身也。然欲動而悔吝生，智行則前識立，前識立則心開而物遂，悔吝生則患積而身危。二者不藏之於內，而接於外，祇足以災身，非所以厚生也。

丙、不　恆

世人或有欲學養生者，然或因狐疑猶豫而無功，或沉溺於物誘而不恆者，是以長生亦不可得矣。

〈養生論〉云：

（常人）縱聞養生之事，則斷以所見，謂之不然。其次狐疑雖少，庶
幾莫知所由。其次自力服藥，半年一年，勞而未驗，志以厭衰，中路
復廢。或益之以溝澮，而泄之以尾閭，欲坐望顯報者。或抑情忍欲，
割棄榮願，而嗜好常在耳目之前，所希在數十年之後，又恐兩失，內
懷猶豫，心戰於內，物誘於外，交賒相傾，如此復敗者。夫至物微妙，
可以理知，難以目識。譬之豫章，生七年然後可覺耳。今以躁競之心，
涉希靜之塗，竟速而事遲，望近而應遠，故莫能相終。

第二節　〈聲無哀樂論〉

一、溯　源

　　〈聲無哀樂論〉亦爲嵇生名論之一，其論旨乃在闡明聲音不涵賅哀樂也。
嵇生以心聲爲二物，聲雖可影響於心，然受影響與否，其權歸之於心而不在
聲也。譬之賢愚每致愛憎，愛賢憎愚，人所常也。然「愛憎宜屬我，而賢愚
宜屬彼」。既屬之我，則不可謂人人皆必然也。心聲亦然。心之與聲，其係屬
既非必然，是以「酒酣奏琴，或忻然而歡，或慘爾而泣」，曲同而哀樂異，亦
可見聲之無哀樂矣。

　　至若嵇生此論之所以成，溯其因，殆亦承自先秦《莊子》、《孟子》、《尹文
子》〔註2〕諸家之說也。

　　《莊子・齊物論》，以爲世上之是非、善惡、美醜、好壞、成敗諸相對待
之價值判斷，乃爲立於不同之觀點（道、物），與不同之時空，相互比較而後
得者。若究其源，萬物皆爲一齊，略無是非、善惡可尋。譬若風過山林之畏
佳，大木百圍之竅穴。其樹穴有「似鼻、似口、似耳、似枅、似圈、似臼、
似洼者、似污者」諸異形，則風過成聲，其聲將有「激者、謞者、叱者、吸
者、叫者、譹者、宎者、咬者」諸不同。然此皆「吹萬不同，而使其自己也。
咸其自取，怒者其誰邪？」，依聲而論，雖有「激者、謞者」諸別，然此乃本
然而然，實無差別可言，亦無主使者支配者可言也。嵇康既以老莊爲師，其
立此論，當係承莊生齊是非、一成敗、等哀樂諸思想之影響。是以有聲無哀

〔註2〕《尹文子》之書，近世學者考據，率以爲乃魏晉間僞書也。此則僅就其思想
　　　而言，不涉其辨僞也。

樂之說。然嵇生此論，其論難之道，實與莊生或異。嵇生以「心聲二元」爲泯哀樂之資，莊生則以「齊一」爲去差別之器。二者雖有異曲同工之妙，然莊生之齊一，已超越相對而入於絕對之道體中。嵇生之心聲二物，則仍落於相對之俗境中也；不能超然遠存，忘我忘忘。此爲二者之殊異處也。至若僅據論辯之道而言，嵇生實與尹文、孟子爲近。今略述於後：

《尹文子·大道上》云：

> 今親賢而疎不肖，賞善而罰惡。賢、不肖、善、惡之名宜在彼，親疎賞罰之稱宜屬我……名宜屬彼，分宜屬我。我愛白而憎黑，韻商而舍徵，好膻而惡焦，嗜甘而逆苦。白黑、膻焦、甘苦，彼之名也；愛憎、韻舍、好惡、嗜逆，我之分也。定此名分，則萬事不亂也。

《尹文子》以物我爲二，將愛憎、好惡諸價值判斷屬之於我，而將賢愚、白黑諸差別相歸之於彼。彼我殊分，實與嵇生以心聲爲二物相似。

又，《孟子·告子篇》云：

> 告子曰：「食色，性也。仁，內也，非外也。義，外也，非內也。」孟子曰：「何以謂仁內義外也？」，曰：「彼長而我長之，非有長於我也。猶彼白而我白之，從其白於外也。故謂之外也。」曰：「異於白馬之白也，無以異於白人之白也？不識長馬之長也，無以異於長人之長歟？且謂長者義乎？長之者義乎？」曰：「吾弟則愛之，秦人之弟則不愛也。是以我爲悅者也。故謂之內。長楚人之長，亦長吾之長，是以長爲悅者也。故謂之外也。」曰：「耆秦人之炙，無以異於耆吾炙。夫物則亦有然者也。然則耆炙亦有外歟？」。孟季子問公都子曰：「何以謂義內也。」曰：「行吾敬，故謂之內也。」「鄉人長於伯兄一歲，則誰敬？」曰：「敬兄。」「酌則誰先？」曰：「先酌鄉人。」「所敬在此，所長在彼，果在外非由內也。」公都子不能答，以告孟子。孟子曰：「敬叔父乎？敬弟乎？彼將曰：『敬叔父。』曰：『弟爲尸則誰敬？』彼將曰：『敬弟。』子曰：『惡在其敬叔父也。』彼將曰：『在位故也。』子亦曰：『在位故也。庸敬在兄，斯須之敬在鄉人。』」，季子聞之曰：「敬叔父則敬，敬弟則敬，果在外，非由內也。」公都曰：「冬日則飲湯，夏日則飲水，然則飲食亦在外也？」。

告子以爲彼白而後我白之，彼長而後我長之，故謂之「義外」。孟子則不然，彼以爲白、長雖屬之於彼，然白抑不白，敬抑不敬之心歸之於我。是以謂之

「義內」也。孟氏此說顯亦與嵇生合也。嵇生〈聲無哀樂論〉云：「今以甲賢而心愛，以乙愚而情憎，則愛憎宜屬我，而賢愚宜屬彼也。」

　　孟氏、尹文、嵇生皆將心物別之爲二。嵇生〈聲無哀樂〉一文乃據此而發者也。

二、〈聲無哀樂論〉之探究

　　〈聲無哀樂論〉一文，嵇生乃採問答之形式，自設問難，自予解說，以顯明一己之觀點。全文八問八答，今則綜歸之爲五條，並探究於後。至其探究形式，則爲求便捷之故，今仍以問答出之。

　　1. 嵇生自設問難，以爲音聲乃抒發哀樂之器，哀樂之情可寓之於聲，故「治世之音安以樂，亡國之音哀以思」。哀思之情，安樂之象，皆可發諸金石，形於管絃。音聲既含哀樂，故聲有哀樂。

　　其自答則謂：歌哭諸音聲乃形之於外音也；然哀樂諸心情則藏諸於內者也。二者之應，不必皆如影之隨形。是以哀樂之心雖同，然時空既異，則其形之於外者，遂有或歌或哭之異矣。故知抒發情懷而形之於外之音聲，乃須爲時空所囿限者也。此地此時以歌舞表歡樂，異地異時或又以歌舞表哀喪矣。故嵇生云：「夫殊方異俗，歌哭不同，使錯而用之，或聞哭而歡，或聽歌而戚，然其哀樂之懷均也。今用均同之情，而發萬殊之聲，斯非音聲之無常哉？」，哀樂之心情雖一，然異方殊俗，則其表達於外之音聲即有不同矣。是知心聲爲二。心聲爲二，且受時空囿限，則聲無哀樂矣。

　　2. 嵇生設問，以爲聲音可左右人之哀樂。亦即「聲使我哀，音使我樂」。人之哀樂既由聲所左右，故聲有哀樂。

　　其自答則云：「夫哀心藏於內，遇和聲而後發，和聲無象，而哀心有主。夫以有主之哀心，因乎無象之和聲而後發，其所覺悟唯哀而已，豈復知吹萬不同，而使自己哉？」，是哀樂之情早藏之於內，定主於心也。雖云：「聲音和比，感人之最深者也。」，然和聲雖能感人，非謂哀樂即賅之於和聲，乃是和聲可誘發宿於心中哀樂之感觸。有哀樂之感觸，而後有哀樂之反應。易言之，亦即哀樂之情藉由和聲而宣洩之於外。而吾儕則不可以和聲誘發哀樂之感觸，即據之而云聲有哀樂也。此事亦猶賢之與不肖，雖可致愛憎之情，然愛憎不賅於賢愚，豈可以「我愛而謂之愛人，我憎則謂之憎人？所喜則謂之喜味，所怒則謂之怒味哉？」，何以故？蓋以愛憎之情乃藏諸於內者，賢愚之

象則存之於外者也。外內爲二而非一，音聲亦然。和諧之聲最易感人者也。然感不感在我，且感受之程度將亦因人而異。如云音聲涵賅哀樂，則同一哀曲，雖異時異地，亦當人人皆哀，且哀傷之深淺當亦皆同，今不能如是，則知聲無哀樂也。

3. 嵇生設問，以爲心情可影響音樂之曲調，所謂「心戚者，形爲之動；情悲者，聲爲之哀。此自然之相應，不可得逃。」又云：「喜怒章於色診，哀樂亦宜形於聲音，聲音自當有哀樂，但闇者不能識之。」，心情既可影響曲調，善聽者可察曲調而知心情。古賢如鍾子、季札、孔子、葛廬、師曠、羊舌母諸人皆善於聽音，皆可由音聲而測知心情，故云聲有哀樂。

嵇生之自爲解說則謂：如以心情可影響音樂之曲調，而云由曲調可推知心情，則「濁質之飽，首陽之飢，卞和之冤，伯奇之悲，相如之含怒，不瞻之怖，祇千變百態，使各發一詠之歌，同啓數彈之微，則鍾子之徒，各審其情矣。」而其實不然，正猶「食辛之與甚噱，熏目之與哀泣，同用出淚，使易牙嘗之，必不言樂淚甜，而哀淚苦。斯可知矣。何者？肌液肉汗，蹙笮便出，無主於哀樂，猶篘酒之囊漉，雖笮具不同，而酒味不變也。聲俱一體之所出，何獨當含哀樂之理邪？」，人喜極哀極，皆垂涕落淚，然吾儕不能據「淚」而別哀樂。由此推之，或哀或樂，人之心情雖異，若使同彈一曲，則吾儕將亦無法據同曲而析別不同之哀樂也。由此故知據音聲而推知哀樂，實不可得之事也。至若吾人時或有能聞聲而測知哀樂者，則實乃音聲而外，更參照以彼人之表情、行爲與夫種種徵象，而予之綜合研判所致也。非謂僅憑聞音能知哀樂也。所謂「心哀者，雖談笑鼓舞；情歡者，雖拊膺咨嗟；獨不能御外形以自匿，誑察者於疑似也。」又云：「知心自由氣色，雖自不言，猶將知之。知之之道，可不待言。」，此亦可證察知彼人之哀樂，須由各方面之綜合研判，不謂僅據音聲而知也。復次，「聲之於音，猶形之於心。有形同而情乖，貌殊而心均者。」，且「器不假妙瞽而良，籥不因慧心而調。然則心之與聲，明爲二物。二物誠然，則求情者不留觀於形貌；揆心者不借聽於聲音也。」察者欲因聲以知心，不亦外乎！」心聲既爲二物，則雖可相互影響，然無必然之關係也。故不能據音而知心。

至若鍾子之觸類，仲尼之識微，季札之善聽，與夫「葛廬之聞牛鳴，知其三生爲犧。師曠吹律，知南風不競，楚師必敗。羊舌母聽聞兒啼，而知其喪家。」，嵇生則謂鍾子、季札、孔子諸事乃「皆俗儒妄記，欲神其事而追爲耳。」

其次，葛廬聞牛鳴，知其三生為犧，則殆為：甲、或當與關接，識其言邪？乙、將吹律鳴管，校其音邪？丙、觀氣採色，知其心邪？

其次，師曠吹律，知南風不競，楚師必敗。則楚在南，晉處北，楚晉間尚有梁宋間隔，楚風焉得發楚庭以入晉，師曠焉知入晉者非他國之風。故嵇康謂此乃「師曠博物多識，有以知勝敗之形，欲固眾心，而託以神徵。」

其次，羊舌母聽聞兒啼，而審其喪家。此殆甲、神心獨悟，闇語而當。乙、經驗之喚起。亦即嘗聞兒啼若此，其大而惡；今之啼聲似昔之啼聲。故知其喪家。

上述諸例皆不可僅據聲而知心，故聲無哀樂也。

4. 嵇生設問，以為「五色有好醜，五聲有善惡」，易言之，聲音有大小、高低等音色。音色既別，則其所引發聽者之「躁」、「靜」之感，將亦有別。是以「聽箏笛琵琶，則形躁而志越。聞琴瑟之音，則聽靜而心閑。同一器中，曲用每殊，則情隨之變。」，情既隨聲變，故知聲有哀樂。

嵇生之自答其意如下：

所謂聲有善惡者，乃指聲音大小、高低、緩促諸音色而言也。嵇生承認聲之善惡不同，其躁靜之感將亦各別。例之以箏笛琴瑟，「箏笛閒促而聲高，變眾而節數。以高聲御數節，故使形躁而志越。」「琴瑟之體，閒遼而音埤，變希而聲清。以埤音御希變，不虛心靜聽，則不盡清和之極，是以聽靜而心閑也。」，箏笛聲高而促；高而促之音，每易令人激昂，故聽者夏躁而志越。琴瑟之音閒遼而舒緩，非靜謐以聆聽，不得盡其清和之美妙。故聞者聽靜而心閑也。此勢之必然者也。然音聲「皆以單、復、高、埤、善、惡為體，而人情以躁、靜、專、散為應」。一處內，一處外，音之於心，雖可感應，其應亦當僅於此。所謂「聲音之體盡於舒疾，情之應聲，亦當止於躁靜。」何以故？此無他，蓋以「躁靜者，聲之功也。哀樂者，情之主也。不可見聲有躁靜之應，因謂哀樂皆由聲音也。」，聲音處於外，哀樂藏諸內，哀樂之情莫不「自發」。是以聲音雖可感人，其應亦僅止於躁靜，不得涉及自發之哀樂也。蓋「自發」則人人不必皆同。是以「酒酣奏琴，或忻然而歡，或慘爾而泣」。且「聲音以平和為體，而感物無常；心志以所俟為主，應感而發。然則聲之與心，殊塗異軌，不相經緯。」故知聲無哀樂也。

今案嵇生之說雖詭辯，然實有欠通之處焉。何者？嵇生既云聲有躁靜之應，復云聲無哀樂。躁靜哀樂同屬內在之情。哀樂由己，躁靜亦由己。既無

哀樂，何來躁靜。嵇生將同屬情思之哀樂、躁靜，區別之為二：一隨音聲，一不隨聲。可謂照理不周矣。

5. 嵇生設問以為「移風易俗莫善於樂」，如哀樂不寓諸音聲，則風俗如何可移易，故知聲有哀樂。

其自答則以為：風俗之淳美與否，取決諸王者政教之興衰，與夫時習風氣之是否樸良。而非全憑諸音聲也。如云哀樂可寓之於聲，王者之政教可移諸聲音，則「文王之功德與風俗之盛衰，皆可象之於聲音。聲之輕重，可移於後世。襄涓之巧，又能得之於將來。若然者，三皇五帝可不絕於今日。何獨數事哉？若此果然也，則文王之操有常度，韶武之音有定數，不可雜以他變，操以餘聲也。」，政之盛衰，果可移諸音聲，則古樂若存，古道即可不滅。而衰世當亦無由而致。今既不能，則知哀樂不寓於音聲也。移風易俗之最大者，當為王政與社會風氣。聲音僅為助緣耳，而非主緣也。善政良風為無形之聲，無言之教，由內心感化，此移易風俗之最大者也。故嵇生云：「移風易俗，莫善於樂。然樂之為體，以心為主。故無聲之樂，民之父母也。」

嵇生之論，實為卓見，音聲能否移風易俗，《新唐書‧禮樂志》嘗記唐人論辯之言，今轉錄於下，以便參照：

> 唐太宗謂侍臣曰：「古者聖人沿情以作樂，國之興衰，未必始此。」，
> 御史大夫杜淹曰：「陳將亡也，有《玉樹後庭花》。齊將亡也，有《伴侶曲》。」，帝曰：「夫聲之所感，各因人之哀樂。將亡之政，其民苦，故聞之以悲。今《玉樹》、《伴侶》之曲尚存，為公奏之，知必不悲。」，
> 魏徵進曰：「孔子稱樂云樂云，鐘鼓云乎哉？樂在人和，不在音也。」

復次，談論音樂之作，捨嵇康而外，時人尚有阮籍之〈樂論〉，〔註3〕與夏侯玄之〈辨樂論〉。〔註4〕阮籍以為音樂可以協和陰陽，調適萬物，可移風易俗，使君臣各得其所。阮氏之論見，實乃承自《禮記‧樂記》之傳統說法，而加以誇張描述其功能也。夏侯玄嘗於〈辨樂論〉中予以反駁：

> 阮生云：「律呂協則陰陽和，音聲適則萬物類。天下無樂而欲陰陽和調，災害不生，亦以難矣。」此言律呂音聲非徒化治人物，可以調和陰陽，蕩除災害也。夫天地定位，剛柔相摩，盈虛有時。堯遭九年之水，憂民阻饑。湯遭七年之旱。欲遷其社。豈律呂不和，音聲

〔註3〕阮籍之〈樂論〉，見《全三國文》卷四六。
〔註4〕夏侯玄〈辨樂論〉，今殘，見《全三國文》卷二一。

不通哉？此乃天然之數，非人道所恊也。(《御覽》十六)。

夏侯玄駁斥阮生之說，以爲音樂不能化治人物，調和陰陽，蕩除災害。故堯有九年之水，湯有七年之旱。惜夏侯氏之作，今吉光片羽僅存，不能窺知全豹。然據茲文之論，則魏晉之際，名士析樂之作，其最精者，當首數嵇生之〈聲無哀樂論〉也。

第三節　〈釋私論〉

嵇生〈釋私論〉，其旨乃在區別公私也。所謂公者，乃盡情無措之謂也。所謂私者，乃藏情匿非之謂也。無措者，侯外廬氏云：「無措就是不關心是非。」〔註5〕牟宗三先生則云：「無措即『無所措意』，普通所謂『無心』也。有措則有心，即王陽明所謂『動於意』也。」〔註6〕今據嵇生全論觀之，則無措之意，有類於金剛經之「無所住而生心」也。不住善，亦不住惡。泯是非，齊利害，不以重賞而爲善，不以嚴懲而去惡。易言之，乃不住善心而行布施也。有措則「有住」矣。嵇生云：「君子行其道，忘其爲身，斯言是矣。君子之行賢也，不察於有慶而後行也。任心無窮，不識於善而後正也。顯情無措，不論於是而後爲也。是故傲然心賢，而賢與慶會。忽然任心，而心與善遇。儻然無措，而事與是俱也。」，觀是言，則無措之意明矣。

〈釋私論〉今收於《嵇康集》中，全文頗多譌誤，近人周豫材所校《康集》較佳，而於此文也，亦僅由版本考其文字之異同耳，未能精審也。近人牟宗三氏於才性與玄理一書，略及〈釋私論〉；雖由義理入手，然時或乏版本之支持，則仍不免於臆測耳。〈釋私論〉全文縱橫排闔，層層析出，宛若浮雲出岫，綿綿不絕。而其全文之主旨則全在第一段。爲便於研討計，茲列表於後：

$$
\begin{array}{l}
（公）\\
君\ 子
\end{array}
\left\{
\begin{array}{l}
\text{氣靜神虛} \rightarrow \text{心不存乎矜尙} \rightarrow \text{越名教任自然（越名任心）} \rightarrow \text{心無措}\\
\text{乎是非} ＝ （心）\\
\text{體亮心達} \rightarrow \text{情不繫於所欲} \rightarrow \text{審貴賤而通物情（物情順通）} \rightarrow \text{行不}\\
\text{違乎道} ＝ （行）
\end{array}
\right.
$$

$$
\begin{array}{l}
（私）\\
小\ 人
\end{array}
\left\{
\begin{array}{l}
\text{匿情} ＝ （心）\\
\text{違道} ＝ （行）
\end{array}
\right.
$$

觀上表，則所謂君子者，乃在「心無措乎是非」，而行不違乎道也。」所

〔註5〕見《中國思想通史》第三冊第五章第三節。

〔註6〕《才性與玄理》第九章第三節。

謂小人者，乃匿情於內，違道於外之謂也。君子爲公，人心無私。公則顯情無措，私則匿非藏情。嵇氏以爲顯情無措，其道大，其周宏。「是故伊尹不惜賢於殷湯，故世濟而名顯。周旦不顧嫌而隱行，故假攝而化隆。夷吾不匿善於齊桓，故國霸而主尊。」此無措之功也。「里鳧顯盜，晉文愷悌。勃鞮號罪，忠立身存。繆賢吐釁，言納名稱。漸離告誠，一堂流涕。然斯數子，皆以投命之禍，臨不測之機，表露心識，猶以安全。況無彼人之罪而有其善乎？」，此顯情之宏用也。

　　然顯情無措雖爲誠爲公，而未必爲是爲善也。何者？茲以第五倫爲例：

　　　　或問曰：「第五倫有私乎哉？曰：『昔吾兄子有疾，吾一夕十往省，而反必寐。自吾子有疾，終朝不往視，而通夜不得眠。』若是可謂私乎？非私也？」答曰：「是非也，非私也。夫私以不言爲名，公以盡言爲稱，善以無尾爲體，非以有措爲負。今第五倫顯情，是無私也。矜往不眠，是有非也。無私而有非者，無措之志也。」

第五倫顯情無隱，是無私也。然矜往不眠，則有非矣。故知無私之行，非皆可謂之善謂之是也。無私有非，雖較之有私有非，爲善爲美。然非盡善至美之行也。須至「無私無非」方爲至境。故嵇生云：「抱一（道也）而無措，則無私無非。兼有二義，方爲絕美耳。」

　　復次，是非公私之分，常人率據其已成之行爲爲別。嵇生則不惟重其行爲，復析論其心跡。嵇生云：「事亦有似非而非非，類是而非是者，不可不察也。故變通之機，或有矜以至讓，貪以致廉，愚以成智，忍以濟仁。此似非而非非者也。或讒言似信，不可謂有誠；激盜似忠，不可謂無私；此類是而非是也。」，白居易《長慶集・十五放言五首・三》云：「周公恐懼流言後，王莽謙恭未篡時，向使當初身便死，一生眞僞有誰知。」，由行爲而觀，既有似是而非是，類非而非非之情況，今若僅據其行爲以別公私，則是非紊矣。是以別公私須「重其名而貴其心」。故嵇生云：「故乃論其用心，定其所趣，執其辭以準其理，察其情以尋其變，肆乎所始，名其所終。則夫行私之情，不得因乎似非而容其非；淑亮之心，不得蹈乎似是而負其是。故實是以暫非而後顯，實非以暫是而後明。公私交顯，則行私者無所冀，而淑亮者無所負矣。行私者無所冀，則思改其非。立公者無所忌，則行之無疑，此大治之道也。」，據其所行，尋其心跡，動機與行爲並重，如此則公私之分即無所遁矣。

　　全文以無措、顯情爲君子立己行事之要，其別公私則當「論其用心，定

其所趣」，據其行事，尋其動機。秉公而行，雖屬不易；然無私不必皆善，必也無私無非方爲絕美耳。

又，魏晉之際，論公私者，嵇生而外，尚有曹羲〈至公論〉、王坦之〈論公謙〉二文，然皆不若嵇生之玄遠。

第四節　〈管蔡論〉

此文於第三章著述考中，嘗略述嵇生所以爲此文之動機，與寫作之時間矣。茲不重述。此文之意以爲：周公居攝，同爲師保，近及咫尺之召公即已不悅。況遠處東方之管蔡乎？管蔡不能明審周公權變之苦心，疑其將不利於周室。思慮幼主之安危與夫周室之存亡，忠誠憤發，是以欲起兵誅除周公，以安王室。此事由心跡而論，管蔡可謂忠賢；然據行跡以觀，則形同叛逆。既爲叛逆，故周公不得不誅。三聖（文、武、周公）所舉之人（管、蔡）既爲忠賢，故三聖可謂明於用人。管蔡之心既不存私，則亦不得謂之凶頑矣。

嵇生之文本爲毌丘儉、文欽之事而發。其後宋人章俊卿作《群書考索》，於管蔡之事亦頗疑之，則顯係受嵇生之影響也。今轉錄於後，以便參照：

> 《尚書・金縢篇》云：「管蔡流言。」《左傳》云：「周公殺管叔而放蔡叔，愛王室故也。」按：《尚書・君奭序》云：「召公爲保，周公爲師，相成王，爲左右。召公不悅。」，斯則旦行不臣之禮，挾震主之威，跡居疑似。雖奭猶懷憤懣，況彼二叔，側聞異議，能不懷猜？周公遽加顯戮於友于，其義薄矣。而詩之所述，用爲美談，何哉？
>
> （《群書考索・卷二・六經門・書類・疑古條第十》）

第五節　〈明膽論〉

嵇生此文乃以問答之形式出之。今欲探究其文，則須先了知其「明」「膽」之義。嵇生云：「明以見物，膽以決斷。專明無膽，則雖見不斷。專膽無明，則違理失機。」是所謂「明」者，乃指識見、智慧而言也。所「膽」者，乃指勇氣、決斷而言也。

文中，呂子以爲有明即有膽，有膽未必有明也。易言之，有識見者必能果決；而能果決者則未必有識見也。是以呂子以爲：識見及之，必可行之。行之所以未盡美，乃識見有所未至之故也。嵇生則不然，彼以爲「明膽異氣，不能

相生。」，是有明者未必有膽，有膽者未必有明也。蓋以人生氣稟各異，惟至人乃能「兼周外內，無不必備」，其餘諸人率皆各有所偏，「或明於見物，或勇於決斷」。既各有所偏矣，則有明者不必有膽，有膽者未必有明也。是故「子家輭弱，陷於弑君。左師不斷，見逼華臣。」此皆「智及之而決不行也。」，「智及之」爲「明」，「決不行」則是無「膽」也。故知明膽異用，不必相涵也。

嵇生此論，全文不長，而其大義則大抵如上也。近世學者率以爲此文乃才性四本一類之作也。嵇生明膽之論見，吾人若推究之，則知其義旨乃有所沿承，非嵇生創見也。年輩稍長於嵇康之劉邵，其於《人物志》一書則嘗深論之矣。今較列之於下：

嵇生〈明膽論〉云：

「夫元氣陶鑠，眾生稟焉。賦受有多少，故才性有昏明。唯至人特鍾純美，兼周外內，無不必備。」又云：「五才存體，各有所生。明以陽曜，膽以陰凝。」

劉邵《人物志》云：

凡有血氣者，莫不含元一以爲質，稟陰陽以立性，體五行而著形。（〈九徵第一〉）

嵇、劉同將人之氣稟追溯至元一或元氣，兩者亦同以性情配陰陽五行。然嵇生僅略及之，劉邵則有專章研討。劉邵將人之性情歸之爲五，且配之以五行、五常。今據其〈九徵第一〉，表列之於后：

五　行		體　徵		五　德		五　常
金	：	筋勁而精	：	剛塞而弘毅	：	義
木	：	骨植而柔	：	溫直而擾毅	：	仁
水	：	色平而暢	：	愿恭而理敬	：	智
火	：	氣清而朗	：	簡暢而明砭	：	禮
土	：	體端而實	：	寬栗而柔立	：	信

復次，嵇生的明膽，比之於劉邵英雄論，復益見其沿承之跡。劉邵〈英雄篇〉云：「聰明秀出謂之英，膽力過人謂之雄。」又云：「英可以爲相，雄可以爲將。」，依劉邵之意，所謂「聰」者，乃指慮能謀始而言也。所謂「明」者，乃指燭能見機而言也。劉邵於〈九徵篇〉將明屬陽，聰屬陰。謂明者能「達動之機而暗於玄慮」，聰者則「識靜之原因而困於速捷」。至若「勇」，則指果決而言也。「力」則指精力、氣力而言也。今較列劉邵〈英雄篇〉與嵇生

〈明膽論〉於下：

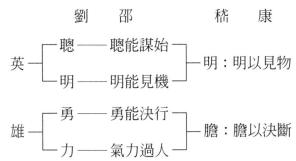

劉邵將人之智慧、識見區分爲二：聰爲玄慮，明爲見機。將人之勇力、決斷亦區分之爲二：勇者決行，力者氣甚。且以爲此四者各或一偏，不必相涵，唯至人能兼之，餘者或英多雄少，或英少雄多，或屬於英，或屬於雄。英者聰明，雄者勇力。此與嵇生明膽異氣，不能相生，其說可謂相同也。然劉邵言之稍詳，聰、明、勇、力四者各殊。嵇生則將聰、明歸之爲明；勇、力歸之於膽。其不若劉邵之精密，顯可見也。劉邵正始中尚存，《三國志‧卷二一‧劉邵傳》云：「正始中，執經講學，賜爵關內侯。」。正始中，乃嵇生弱冠之年，嵇生當嘗見其人其書也。則嵇生此論乃爲劉氏之餘響也。

第六節 〈難自然好學論〉

嵇生此論乃爲反駁張遼叔〈自然好學論〉而發。

張氏以爲喜、怒、哀、樂、惡、欲、懼，此八者乃人性本有之反應，藉外物之誘發而宣洩之於外者也。是以「得意則喜，見犯則怒，乖離則哀，聽和則樂，生育則愛，違好則惡，飢則欲食，逼則恐懼。」，是皆不教而能，不學而得，乃自然而然者也。而六藝禮樂諸事亦能怡悅性情，遇之者欣喜，令人樂學，此樂學之心乃自然而然者，非強抑而後能之，故知好學乃人類本性之自然也。

嵇生則以爲甘苦痛癢乃身體自然之反應，不學而能，不慮而得者。然人之秉性，率皆好逸而惡勞。好學乃計而後得，非人性本然也。不可以必然之理類推不必然之好學。是以彼云：

> 夫口之於甘苦，身之於痛癢，感物而動，應事而作。不須學而後能，不待借而後有。此必然之理，吾所不易也。今子以必然之理，喻未必然之好學，則恐似是而非之議，學如一粟之論，於是乎在也。

追溯人性本源，既皆「好安惡危，好逸惡勞」，以縱慾爲歡，以抑引爲勞。而六經率以抑引爲主，夫若是則與人性相去遠矣。故知好學乃非人性本然也。是以嵇生云：

> 六經以抑引爲主，人性以從欲爲歡。抑引則違其願，從欲則得自然。
>
> 然則自然之得，不由抑引之六經；全性之本，不須犯情之禮律。

六經既非全性之本，而世人或以「六經爲太陽，不學爲長夜」，其理安居？嵇生以爲此乃世人追循六經而行，即可得致仕宦榮華。乖離六經則凝滯不通。是以有「六經爲太陽，不學爲長夜」之語。今設若誦讀六經，不惟不可致功名，反令人沈淪墮落，身體殘傷。則今之所謂好學者必將皆棄而去之。故知好學者，皆先計議於心，以爲六經於己有功利可得，而後好學也。苟先盤計於心，即非本然之反應；既非本然反應，則知好學非自然也。嵇生云：

> 今若以明堂爲丙舍，以諷誦爲鬼語，以六經爲蕪穢，今以仁義爲臭腐，觀文籍則目瞧，修揖讓則變傴，襲章服則轉筋，譚禮典則齒齲，于是兼而棄之，與萬物爲更始，則吾子雖好學不倦，猶將闕焉。則向之不學未必爲長夜，六經未必爲太陽也……以此言之，則今之學者豈不先計而後學邪？苟計而後動，則非自然之應也。

復次，嵇生以爲若以社會之演進觀之，上古無文之世，君民未失樸眞，焉用文字，焉倡仁義。故知六經非太陽，好學非自然也。其後仁義立，智慧出，榮利之塗開，於是學者計而後習，積學明經以代稼穡，好之不倦，積以成習；成習既久則類於自然。世人不知，故或以好學爲自然，嵇生云：

> 操筆執觚，足容蘇息，積學明經，以代稼穡。是以困而後學，學以致榮；計而後習，好以習成，有似自然，故令吾子謂之自然耳。

古爲嵇生〈難自然好學論〉之主旨也。究其旨義，則殆承自老子也。老氏以爲仁義禮法乃大道陵遲後之所出，嵇生亦以六經爲季世之學，非人性本然，乃「計而後學」者也。是以好學非自然。於嵇、張之論戰也，張遼叔乃據儒家崇聖宗經之傳統觀點而立論，嵇康則以道家之樸眞駁斥儒家之仁義。其立場既異，故立論亦別也。

第七節　難及答釋難〈宅無吉凶攝生論〉

〈宅無吉凶攝生論〉與〈釋難宅無吉凶攝生論〉二文，附本集之中，不

箸作者，而次於張遼叔〈自然好學論〉之後。或者本集以好學論既箸張名，故此二文不特標乎？是以嚴可均《全三國文》以爲張遼叔所作，而近人戴明揚氏則據《隋志‧道家類‧符子》注：「《攝生論》二卷，晉河內太守阮侃撰」，因以爲阮侃之作。〔註7〕然《隋志》所云之《攝生論》是否即爲〈宅無吉凶攝生論〉，今無明文足資印證。若以「攝生論」三字相合而據以論說，則未免有臆測之譏，故今仍襲舊說，以爲張遼叔作。

張遼叔作〈宅無吉凶攝生論〉，以爲養生在於寡欲與知禍福之所自來。世俗之安宅、葬埋、度數、刑德諸說皆不可信。若云宅有吉凶，則三公之宅，使愚民居之，愚民亦可爲三公矣。今不然，則知宅無吉凶。復次，若此宅果爲凶宅，則往居者當必皆受其災，「不得以西東有異，背向不同，宮姓無害，商則爲災。福德則吉至，刑禍則凶來也。」張氏復以爲命有所制，知命不憂，主命定之說。故云：「夫壽夭之不可求，甚於貴賤。然則擇百年之宮而望殤子壽，孤逆魁罡，速彭祖之夭，必不幾矣。」又云：「夫一樓之雞，一欄之羊，賓至而有死者，豈居異哉？故命有制也。知命者不滯於俗矣。」，彭祖、殤子壽夭有命，雞羊同欄而生死不同，此皆命有所制，壽福既有命矣，故智者不妄求也。

此論既出，嵇生作〈難宅無吉凶攝生論〉以駁之，張氏復作〈釋難宅無吉凶攝生論〉以釋其難，嵇生以爲張氏之說有失眞處，是以復作〈答釋難宅無吉凶攝生論〉一文以駁之，二人往返論戰，此四文今皆載之於嵇康集中。

綜括嵇生二文之主旨，嵇生以爲卜占、安宅、葬埋、度數、陰陽皆徵而可信，斯事皆致福長壽者所須戮力者也。然僅從事於一事，則不必得福也。故〈難宅無吉凶攝生論〉云：

> 不謂吉宅能獨成福，但謂君子既有賢才，又卜其居，順履積德，乃享元吉。猶夫良農既懷善蓺，又擇沃土，復如耘籽，乃有盈倉之報耳。今見愚民不能得福於吉居，便謂宅無善惡，何異覩種者之無十千，而謂田無壤墝邪？良田雖美，而稼不獨茂；卜宅雖吉，而功不獨成。相須之理誠然，則宅之吉凶，未可惑也。今信徵祥，則棄人理之所宜，守卜相則絕陰陽之吉凶，持智力則忘天道之所存，此何異識時雨之生物，因垂拱而望嘉穀乎？

上之述，嵇生以爲所以獲吉致凶者，其因多方，而宅乃僅爲眾多因素之一耳。

〔註7〕見戴著《嵇康集校注》。

「卜宅雖吉，而功不獨成」此相須之理也。故吾人不可僅恃宅以成吉，然亦不可以忽視。復次，張氏所云：「此地苟惡，則當所往皆凶，不得以西東有異，背向不同，宮姓無害，商者為災。福德則吉至，刑禍則凶來也。」，嵇生則以為，譬之良田，其地雖美，而稼有所宜，或宜稻或宜稷，不可皆同，宅亦宜然。故良於張姓不必良於李氏。是以嵇生云：「雖此地之吉，而或長於養宮，短於毓商。猶良田雖美，而稼有所宜。何以言之，人姓有五音，五行有相生，故同姓不婚，惡不殖也。人誠有之，地亦宜然。」，嵇氏將人之姓氏分屬五音，復以五音配五行。五行有相生相剋之道，故雖同居一宅，姓氏有異，則吉凶之報將亦隨之而異。嵇氏此說誠能言之成理，然若以其矛攻其盾，亦「借子之言以為論」，則「良田雖美，而稼有所宜」此必然之理，吾所不易也。「或長於養宮，短於毓商」，此不必然之事也。「今子以必然之理，喻不必然之『宅有吉凶』，則恐似是而非之議，學如一粟之論，於是乎在也。」（套〈難自然好學論〉之語）。嵇生以是譏人，而不免有類推之誤。此殆所謂明見於人，闇於自見歟！

　　復次，嵇生雖主安宅、葬埋、卜相之事，然卻不信命定之說。彼以為張邈（遼叔）既主命定之說矣，復贊同養生之事，此是大矛盾處也。命既已定，則養生與否皆無裨益於性命矣。張氏之意以為生死雖有命，然仍須有所趨避，非立於危牆下之謂也。張氏〈釋難宅無吉凶攝生論〉云：「夫命者，所稟之分也。信順者，成命之理也。故曰：君子修身以俟命，知命者不立乎巖牆之下。」，嵇氏則甚不讚同其說，彼以為既云命有所在，知命不憂，則命不當絕者，縱或立於危巖之下，亦可不必疑懼；有疾者，不藥亦可自癒矣。今既大談命定之說，復倡養生全性，趨吉避凶之道，則自語相違矣。今列其說於後：

　　〈難宅無吉凶攝生論〉云：

　　　　又云：「多食不消，必須黃丸。」苟命自當生，多食何畏？而服良藥？

　　〈答釋難宅無吉凶攝生論〉云：

　　　　又云：「知命者不立巖牆之下。」吾謂不知命者，偏當無不順（疑懼字之誤），乃畏巖牆。知命有在，立之何懼？若巖牆果能為害，不擇命之長短，則知與不知，立之有禍，避之無患也。

綜上之述，概以言之，張邈之說乃承自儒家之傳統觀點也。歷來儒者皆主命定之說，孔氏云：「生死有命，富貴在天。」，然所謂「命」者，非立於危巖下之謂也。此孟子嘗已明言之矣。故知儒家所謂命者，乃「君子修身以俟命，

知命者不立乎嚴牆之下。」也。易言之，則盡人事以聽天命是也。儒家之說與釋氏甚相若。釋氏亦主因果命定之說，前世之因成今生之果，因果相循，如影逐形，不可移易。然佛家亦有「定中有不定，共中有不共」之說。因果不可移，前世因造今生果，此爲定命。而今生身、口、意之造業各不相同，其果報亦隨之而異，此又爲定中有不定矣。同生而爲人爲獸爲萬物，此爲共業。然人之富貴際遇不同，萬物之榮枯有別，此又爲不共業。有定命，而后知天命之不可違。有不定，故知人事之可盡。盡人事以俟天命，此儒釋之所同也。元曲裴度還帶，云其當早夭，以救人故，而享榮華。早夭，命定也。以救人享榮華，此不定也。嵇生顯然不明其理。彼以爲既云命定矣，則嚴牆可立，遇疾可不就醫，積善不必有福，行惡不必致禍。然則有福之人雖惡如桀紂，當亦不亡。無福人，縱恭謹如曾顏當亦不免於禍。嵇生之說，顯係誤解儒家天命之義，且忽視「定中有不定，共中有不共」之可能性也。是以嵇生反對命定之說。

　　於此次之論戰也，嵇生承受道教之影響甚深，是以主旨難免有根本上之差謬。然嵇生善於析理，長於論辯，且運用邏輯論辯法之矛盾律，排中律諸方式，緊扣彼方之誖漏，予以致命一擊。是以常能奪人之攻，而攻人之守。致使張邈招招化解不迭，敗象屢見。張邈之敗，究其因，乃是彼既不信宅有吉凶矣，復以卜筮，命相爲可信。是以矛盾之處時見，自語相違之跡時可尋，而予嵇生以可乘之機，故嵇生有以敗之也。至若嵇生邏輯論辯法之應用，於第四章嵇康名學一文中嘗言及矣，茲不重舉。

第六章 結 論

　　中華學術，源遠流長，代有專學，若究其流變，則由先秦諸子學而兩漢經學，而魏晉六朝玄學，而隋唐佛學，而宋明理學，而清代樸學。於此諸學也，經學、樸學皆爲重文字章句與訓詁考據之學也。學者率墨守儒者崇經尊聖之風，雖入於文字之中，然難以超乎文字之外也。今若捨佛學不言，則先秦諸子學、魏晉玄學，與夫宋明理學殆爲中華學術思潮之三大黃金時代也。此三朝皆能獨樹一幟，出玄入道，離文字以求義理，是故能歷久而彌新也。

　　魏晉玄學，頗能直繼先秦諸子百家爭鳴之風，不爲兩漢崇聖宗經之習所囿。捨文字相而直入玄理。學者重玄解而不拘文字章句。陶淵明所云：「讀書不求甚解。」，可謂爲魏晉文士之寫照也。若究此風之所以成，則殆以漢末論經、清議之習至魏轉烈，復重之以王充之懷疑精神勃興，而魏文又好道，是以王、何煽玄風，而天下遂爲之風靡。清談、玄論遂爲魏晉學術之表徵也。

　　魏晉之世，自王、何開其源，其後正始、竹林、中朝諸名士相繼不絕，迨至陳亡而後玄學始絕矣。此綿歷三、四百年之玄學，細析之，則約可分之爲四期。早期爲王、何之調和儒道，次期爲七賢之揚老莊而貶儒教，三期爲渡江後之釋道交融，末期爲齊梁後之釋學獨興。其間時賢輩出，代有好之者，然此數百年之學術，至晚期漸離玄去道矣。而其間堪領袖群倫，永爲後日清談家所繫念者，則殆爲正始之王、何與竹林之嵇、阮耳。王、何、嵇、阮，四人學相近，年相若也。然王、何揄揚文壇之日，乃不見嵇、阮之名，此何故哉？竊以爲此殆以王、何夙慧早成，故名成亦較早。其後何晏官盛勢重，王弼又爲何晏所賞拔者，是以何、王煽玄風，而嵇、阮之名遂爲所淹。迨至曹爽誅後，何、王相繼逝歿，以是嵇、阮始得代之而起，而嵇氏則儼然爲清

談之泰斗也。

　　嵇生嘗於太學寫石經，郭遐叔兄弟、趙至、向秀、呂安諸人皆嘗追隨嵇氏多年。鍾會亦嘗慕名往見，雖遭「何所聞而來？何所見而去？」之譏，然迨鍾氏撰《四本論》畢，仍極欲嵇公一見也。其後嵇氏下獄，而時賢豪亦皆隨之入獄。臨刑，太學生三千人請以為師。此皆可證知嵇氏實為領袖群倫之文壇泰斗矣。

　　嵇氏歿後，後人仰其風采，每造作異事以附會之。茲錄數則於后：

　　《文選・五君詠》注引顧凱之〈嵇康讚〉，《御覽》六百六十四引《神仙傳》：

> 南海太守鮑靚，通靈士也。東海徐寧師之。寧夜聞靜室有琴聲，怪其妙而問焉。靚曰：「嵇叔夜」寧曰：「嵇臨命東市，何得在茲？」靚曰：「叔夜迹不終，而實尸解。」

　　《世說新語・言語篇》：

> 周僕射雍容好儀形，詣王公，初下車，隱數人，王公含笑看之，既坐，傲然嘯詠。王公曰：「卿欲希嵇、阮邪？」答曰：「何敢近捨明公，遠希嵇、阮？」

　　又，〈文學篇〉：

> 「謝萬作八賢論，與孫興公往反，小有利鈍。謝後出以示顧君齊，顧曰：『我亦作，知卿當無所名。』」，往引中興書云：「萬善屬文，能談論。萬集載其敘四隱四顯，為八賢之論：謂漁父、屈原、季主、賈誼、楚老、龔勝、孫登、嵇康也。其旨以處者為優，出者為劣。孫綽難之，以謂體玄識遠者，出處同歸。」

　　《說郛・卷六六・宋竇革撰酒譜外篇下飲器十一》：

> 宋何點隱於武丘山，竟陵王子陵遺以嵇叔夜之杯，徐景山之酒鎗。

　　《庶齋老學叢談》：

> 東坡響簧鐵杖，長七尺，重三十兩，四十五節，嵇康造。

觀上之述，嵇生死後，顧愷之疑其尸解，而康之酒杯、鐵器，仍為後世名流所珍藏，於此亦可窺知後世文人景仰其丰姿之一斑矣。

　　至若嵇學術上之造詣與影響，則可分文學與哲理二項述之。以文學而言，嵇康之四言詩，可謂魏晉之最傑出者，其他之詩文響影亦鉅。茲轉錄後人之評於下：

劉勰云：

　　叔夜儁俠，故興高而采烈。（《文心雕龍‧體性篇》）。

又云：

　　嵇康師心以遣論，阮籍使氣以命詩，殊聲而合響，異翮而同飛。（〈才
　　略篇〉）

鍾嶸云：

　　晉中散嵇康，頗似魏文，過爲峻切，訐直露才，傷淵雅之致，然託
　　諭清遠，良有鑒裁，亦未失高流矣。（《詩品‧中》）

陳繹曾曰：

　　嵇康人品胸次高，自然流出。（《詩譜》）

胡應麟云：

　　叔夜送人從軍至十九首，已開晉、宋四言門戶。然雄辭彩語，錯互
　　其間，未令人厭。（《詩藪》）

王夫之云：

　　中散五言頹唐不成音理，而四言居勝。」（《古詩評選》卷二）

陳祚明云：

　　叔夜詩實開晉人之先，四言中饒儁語，以全不似三篇，故佳。五言
　　句法初不矜琢，同於秀氣。時代所限，不能爲漢音之古樸，而復少
　　魏響之鮮妍，所緣漸淪而下也。（《采菽堂古詩選》卷八）

方廷珪曰：

　　讀叔夜詩能消去胸中一切宿物，由天資高妙，故出口如脫，在魏晉
　　間另是一種手筆。（《文選集成》）

何焯云：

　　四言不爲風雅所羈，直寫胸中語，此叔夜所以高於潘、陸也。」（《文
　　選評》）

朱嘉徵云：

　　中散六言，歌內貞自樂閒靜也。錯序中，衡斷不苟，尚論有法，雅
　　似折楊柳古辭。（《樂府廣序》）

觀上述，亦可略知嵇生文學造詣對後世之影響矣。復就其哲理之造詣而言，
嵇氏之玄論與論難之法，皆可謂獨步當時者也。其玄論不惟時人宗之，亦爲
後世治清談之學者所必研讀者也。《世說新語‧文學篇》云：「舊云王丞相過

江左，止道〈聲無哀樂〉、〈養生〉、〈言盡意〉三理而已。然宛轉關生，無所不入。」又，《南齊書・王僧虔傳・戒子書》云：「且論注百氏，荊州八秩，又〈才性四本〉，〈聲無哀樂〉，皆言家口實，如客至之有設也。」，渡江後，王導所標之三論，嵇生乃佔其二。東晉清談名士對嵇生之推崇，亦由此可略窺一二矣。且此風至南齊而不衰，嵇生玄論仍爲言家口實。

　　嵇生玄論，今存者惟七篇，皆載之《嵇康集》。而此七篇中，其最爲時輩所樂道者，則〈養生論〉與〈聲無哀樂論〉二者耳。此二者文藻義奧，歷來學者率不能全通，故譽之者雖多，譏之者亦不鮮。唐人牛僧孺謂其善於養身而短於養生，「所以能著其論而陷大辟。」（《文苑英華・七百三十九・養生論》）；明人李贄以爲「今讀〈養生論〉，全然不省神仙中事，非但不識眞仙，亦且不識養生矣。」（《焚書》）。此外，黃道周有〈聲無哀樂論辨〉，黃宗羲有駁〈聲無哀樂論〉（《國朝文匯》甲集），然其意去嵇遠甚，且於嵇之所說又多未曉，是以文雖辯，而不免有續貂之譏；辭雖美，仍予人以蚍蜉撼樹之感。

　　至若嵇生之思想，其所影響者亦深矣遠矣。受其直接影響者，當屬向、郭爲最。向、郭注莊，世人皆以爲匠心獨具，然由近世學者之研究，而後方知學不獨興，向郭之說亦多所沿承，非皆獨出機杼者也。近人牟宗三氏以爲嵇、向相承，其跡可見（《才性與玄理》第九章〈嵇康之名理〉）。今案《晉書》嘗云向秀與康、安共在山陽鍛鐵，康作〈養生論〉，秀作論以難之，而其用意則在發康之高致也。再者，嵇、呂誅後，向秀入洛，過山陽嵇康舊廬，嘗作賦以弔之。二人交往既密，康又爲群彥之首，則二者之相互影響可斷言也。今略舉一二以見嵇、向相承之一斑。

　　嵇氏〈答難養生論〉：

> 至人不得已而臨天下，以萬物爲心，在宥群生，由身以道，與天下同於自得，穆然以無事爲業，坦爾以天下爲公。雖居君位，饗萬國，恬若素士接賓客也。雖建龍旂，服華袞，忽若布衣在身也。故君臣相忘於上，蒸民家足於下。豈勸百姓之尊己，割天下以自私，以富貴爲崇高，心欲之而不已哉……不以人爵嬰心也，故視榮辱如一。

向郭《莊子・在宥篇》注云：

> 「恬愉自得，乃可長久。」又云：「出處默語，常無其心而付之自然。」

《莊子・逍遙遊》注云：

> 夫聖人雖在廟堂之上，然其心無異於山林之中。世豈識之哉？徒見

其戴黃屋，佩玉璽，便謂足以纓紱其心矣。見其歷山川，同民事，
便謂足以憔悴其神矣，豈知至至者之不虧哉！

案：嵇云「由身以道，與天下同於自得。」向秀則云「恬然自得」「常無
其心而付之自然。」嵇生以爲聖王服華袞、建龍旂，無異布衣之在身。
向郭亦云：「聖人雖在廟堂之上，心無異山林之中。」。嵇生以爲至人不
以人爵嬰心，故視榮辱如一。向郭則云佩玉璽、戴黃屋不足以纓紱其心，
憔悴其神。

又，嵇康〈答難養生論〉云：

世之難得者，非財也，非榮也，患意之不足耳。意足者，雖耦耕畎
畝，被褐啜菽，莫不自得。不足者雖養以天下，委以萬物，猶未愜
然。則足者不須外，不足者無外之不須也。無不須，故無往而不乏；
無所須，故無適而不足。不以榮華肆志，不以隱約趨俗，混乎與萬
物並行，不可寵辱，此眞有富貴也。

向郭《莊子・逍遙遊》注云：

苟足於其性，則大鵬無以自貴於小鳥，小鳥無羨於天池，而榮願有
餘矣。故小大雖殊，逍遙一也。

案：嵇生言「意足」，向云「性足」，其實一也。

又，嵇生〈養生論〉云：

夫神仙雖不目見，然記籍所載，前史所傳，較而論之，其有必矣。
似特受異氣，稟之自然，非積學所致也。

向郭《莊子・逍遙遊》注云：

俱食五穀而獨爲神人，明神人者非五穀所爲，而特稟自然之妙氣。

案：向秀撰〈難養生論〉，不信神仙養生之說，然注莊則云「神人者非五
穀所爲，而特稟自然之妙氣。」與嵇生〈養生論〉所云「神仙似特受異
氣，稟之自然。」可謂文同義同，與其作〈難養生論〉時之論見全然不
同。故知秀之作論以難康，當如《晉書》本傳所云，旨在發康之高致也。

又，嵇生〈答難養生論〉云：

夫不慮而欲，性之動也。識而後感，智之用也。性動者，遇物而當，
足則無餘。智用者，從感而求，倦而不已。故世之所患，禍之所由，
常在於智用，不在於性動。

向郭《莊子・人間世》注云：

> 夫名智者，世之所用也。而名起則相軋，智用則爭興，故遺名知而
> 後行可盡也。

案：嵇、向意近，而所用之特定詞復同，此亦可見沿承之跡矣。

由上之述，則知向郭之注莊，有承自時賢及前人者，有受諸彼時之社會環境者，有獨出機杼者。

茲綜歸叔夜之一生，叔夜既以政治立場之異，不爲司馬所容，復重之以雋俠性烈，故雖以老莊爲師，終不能效其含光混世。《世說新語·品藻篇》：「簡文云：『何平叔巧累於理，嵇叔夜雋傷其道。』」，其後卒以呂安之事而見誅，亦良可哀也矣。

竹林之遊，嵇、阮爲之首。二人皆處危疑之朝，同爲一時之標。然阮生以至慎保軀，嵇生以性烈喪命，又何其異也。是以黃師錦鋐於〈魏晉之莊學〉一文，獨許阮籍「深得莊子乘道德以浮遊之三昧」，以爲「魏晉之世，能悟莊子逍遙之旨而見諸應世者，魏末爲阮籍，晉末爲陶淵明。」，而於嵇生則云「僅得其形似」耳。黃師之言是也。以應世而言，阮生似有以勝嵇也。然權爭之世，猜忌之朝，名士固少有全者。竊以爲其喪者是天也，非人也；其存者亦天也，非人也。而世人多怪而少可。是以嵇生不屈而死，或譏其性烈；阮子順世而生，又疑其媚俗。然二者生死出處雖異，其同有高尚之節操則一。

至若七賢之徒，率皆縱酒玩世，傲物任眞，故後人或以亡國喪家詈之者，以爲其罪深於桀紂。此則晉人戴逵嘗爲之致辯矣。晉書戴逵傳：

> 夫親歿而採藥不反者，不仁之子也。君危而屢出近關者，苟免之臣也。
> 而古之人未始以彼害名教之體者何？達其旨故也。達其旨，故不惑其
> 迹。若元康之人，可謂好遯跡而不求其本，故有捐本狥末之弊，舍實
> 逐聲之行。是猶美西施而學其顰眉，慕有道而折其巾角。所以爲慕者，
> 非其所以爲美，徒貴貌似而已矣。夫紫之亂朱，以其似朱也。故鄉原
> 似中和，所以亂德。放達似惠連，所以亂道。然竹林之爲放，有疾而
> 爲顰者也。元康之爲放，無德而折巾者也，可無察乎！

魏晉之際，國之所以亡者，乃亡於假周、孔名教以行篡逆之事，非皆亡於崇尚自然之清談也。處危疑之世，清談正乃嵇、阮所用以全身之妙術也。是以戴逵以爲「竹林之爲放，有疾而爲顰者也。」今日吾人欲治嵇康若魏晉之學，則不惟須研讀其言行思惟，亦當依附其時代、社會背景以觀之，必如是，方能不誣不誤耳。

附錄：嵇康年表

公元	年　號	嵇　康　事　蹟	大　事　記
223	魏文帝 黃初四年	嵇康生。	蜀照烈帝崩，後主禪位，封丞相亮爲武鄉侯。
224	黃初五年	嵇康二歲。案〈幽憤詩〉云：「越在襁褓，母兄鞠育」則康父之死，當在黃初四年至此年間。	
225	黃初六年	嵇康三歲。	蜀丞相亮平南中。
226	黃初七年	嵇康四歲。	魏文帝崩，明帝即位，王弼生。
227	魏明帝 太和元年	康五歲。	蜀丞相亮率軍北駐漢中，臨行上〈出師表〉。
228	太和二年	康六歲。	亮攻祁山，關中震動。姜維降蜀。
229	太和三年	康七歲。	吳主權即皇帝位，改元黃龍。 魏明帝用衛覬議，置律博士。
230	太和四年	康八歲。	吳主遣將軍衛溫、諸葛直將甲士萬人浮海求夷洲、亶洲。
231	太和五年	康九歲。	吳衛溫、諸葛直浮海得夷洲數千人而還，吳主以其無功，誅之。
232	太和六年	康十歲。	吳改元爲嘉禾。
233	青龍元年	康十一歲。	鮮卑軻比能寇魏。公孫淵奉表臣於吳，後又殺吳使，臣於魏。
234	青龍二年	康十二歲。	諸葛亮率十萬大軍由斜谷攻魏，與魏司馬懿相持於五丈原。是年八月亮卒於軍中，蜀斬大將魏延。
235	青龍三年	康十三歲。	魏幽州刺史遣勇士韓龍刺殺鮮卑軻比能，邊陲遂安。
236	青龍四年	康十四歲。	

公元	年　號	嵇　康　事　蹟	大　事　記
237	景初元年	康十五歲。	魏使毌丘儉攻遼東，水漲，戰不利而還。魏明帝使劉邵作考課法。
238	景初二年	康十六歲。	魏使司馬懿將兵四萬討遼東，斬公孫淵父子於梁水上。是年九月吳改元赤烏。十二月，魏帝寢疾。
239	景初三年	康十七歲。	魏明帝崩。太子芳即位，曹爽、司馬懿同輔政，自是何晏、丁謐諸人用事。
240	齊王芳正始元年	康十八歲。	
241	正始二年	康十九歲。	吳太子登卒。
242	正始三年	康二十歲。〈幽憤詩〉云：「爰及冠帶，馮寵自放。抗心希古，任其所尙，託好老莊，賤物貴身。志在守樸，養素全眞。」，正始王、何始盛玄論，則康學行之轉變，又好道貴眞之思之所以成，當在此數年間也。（請參閱第四章）	吳立和爲太子。
243	正始四年	康廿一歲。	
244	正始五年	康廿二歲。	曹爽發卒十餘萬伐蜀，無功而還。
245	正始六年	康廿三歲。	蜀蔣琬卒。
246	正始七年	康廿四歲。	魏幽州刺史毌丘儉伐高句麗，敗之。高句麗王出奔。刻石紀功而還。
247	正始八年	嵇康廿五歲。康當在此年或前一年尚長樂亭主，並拜中散大夫。	魏司馬懿與曹爽有隙，稱疾不預政事。
248	正始九年	康廿六歲。康女生。	魏以王凌爲司空。司馬懿父子謀誅曹爽。
249	嘉平元年	康廿七歲。女二歲。是年司馬懿誅曹爽、何晏、鄧颺諸人。又，前此一年王戎年十五，始見知於阮籍；則康結時賢作竹林之遊，以隱退抗司馬之徵召，當爲嘉平元年以後之事耳。（說見第二章第三節）	司馬懿誅曹爽、何晏、鄧颺、丁謐、畢軌諸人，並夷其三族。秋，王弼遇癘疾而亡。
250	嘉平二年	康廿八歲。女三歲。	
251	嘉平三年	康廿九歲。女四歲。	太尉王淩舉兵欲誅司馬懿，事洩見殺。是年司馬懿卒，以司馬師爲大將軍。
252	嘉平四年	康三十歲。女五歲。	吳太帝孫權崩，太子亮即位。魏分三道攻吳，吳太傅諸葛恪率軍繫退之。

公元	年　號	嵇　康　事　蹟	大　事　記
253	嘉平五年	康卅一歲。女八歲。是年，康子紹生。	蜀姜維攻魏隴西。吳諸葛恪攻淮南，魏司馬師、司馬孚率軍擊退之。是年，吳孫峻殺太傅諸葛恪。
254	高貴鄉公 正元元年	康年卅二，女七，紹二。	李豐謀以夏侯玄代司馬師，事敗。司馬師殺李豐、夏侯玄、張緝諸人，並夷其三族。是年司馬師廢帝爲齊王。高貴鄉公髦即帝位，改元。
255	高貴鄉公 正元二年	康年卅三，女八，紹三。 是年毌丘儉起兵以討司馬氏，康欲舉兵應之，以問山濤，濤諫之而止。	毌丘儉、文欽起兵討司馬師，兵敗。毌丘儉被殺，文欽奔吳。 是年司馬師卒，司馬昭繼之爲大將軍。
256	甘露元年	康年卅四，女九，紹四。 作〈管蔡論〉，既以答時論所疑，兼爲毌、文辯誣。	是年春，魏帝宴群臣於太極東堂，與諸儒論夏少康、漢高祖優劣；帝以少康爲優。 是年夏，帝幸太學，與諸儒論《書》、《易》及《禮》，並及管蔡事。
257	甘露二年	康年卅五，女十，紹五。	諸葛誕舉兵反，司馬昭討之。
258	甘露三年	康年卅六，女十一，紹六。	司馬昭斬諸葛誕，夷其三族。
259	甘露四年	康年卅七，女十二，紹七。	
260	常道鄉公 景元元年	康年卅八，女十三，紹八。 〈與山巨源絕交書〉云：「吾新失母兄之歡，意常悽切。女年十三，男兒八歲，未及成年。」，則〈絕交書〉當作於此年。 又，母兄新亡，作〈思親詩〉。 又，〈與呂長悌絕交書〉云：「都去年向吾有言，誠忿足下，意欲發作，吾深抑之。」〈與呂巽絕交書〉作於景元二年，則調解呂巽兄弟之事當於此年。 又，〈與阮德如詩〉云：「含哀還舊廬，感切傷心肝。」則與阮之詩當亦作於是年。	魏以司馬昭爲相國，封晉公，加九錫。 是年夏，司馬昭弑君，立常道鄉公曹奐爲帝，即位改元。
261	景元二年	康卅九，女十四，紹九。 呂巽告安不孝，康作書與絕交。安獲罪徙邊，遺書與康，有「李叟入秦，及關而歎」之語，太祖惡之，追收入獄。	
262	景元三年	嵇康因呂安案入獄，於獄中作〈幽憤詩〉、〈述志詩〉及〈家誡〉。此年爲鍾會所譖，見誅。年四十，女年十五，紹十。《晉書・紹傳》云：「十歲而孤」。	司馬昭命鍾會、鄧艾治兵，將使伐蜀。

案：本表之嵇康事蹟皆嘗於正文中論及之，至其大事記則採《通鑑》之說。

參考書目

一、子史類書

1. 《漢書》，新校本。
2. 《後漢書》，新校本。
3. 《三國志》（裴松之注），新校本。
4. 《晉書》，商務百衲本。
5. 《南齊書》，新校本。
6. 《梁書》，新校本。
7. 《南史》，百衲本。
8. 《新唐書》，百衲本。
9. 《資治通鑑》，司馬光撰胡三省注。
10. 《老子》。
11. 《莊子》，郭慶藩集釋。
12. 《孟子》。
13. 《列子》。
14. 《尹文子》。
15. 《論衡》。
16. 《抱朴子》。
17. 《太平經合校》，民國，王明。
18. 《太平廣記》。
19. 《漢魏六朝百三名家集》，明，張溥。
20. 《漢魏叢書》，明，程榮刻本。

21. 《漢魏別解》。

22. 《采菽堂古詩選》。

23. 《兩晉清談》，沈杲之，（嘉靖庚申刊本）。

24. 《兩晉南北朝奇談》，明，王奐。

25. 《嵇中散集》，四部叢刊本。

26. 《嵇康集》，民國，周樹人校。

27. 《嵇康集校注》，民國，戴明揚校訂。

28. 《聖賢高士傳贊》一卷，唐鴻學輯（《怡蘭堂叢書》第三冊）。

29. 《世說新語》，劉孝標注、楊勇校箋。

30. 《顏氏家訓》，

31. 《詩品》，鍾嶸。

32. 《文心雕龍》，劉勰。

33. 《文心雕龍校釋》，民國，劉永濟。

34. 《文選》，李善注。

35. 《藝文類聚》。

36. 《初學記》。

37. 《嘯旨》，唐，佚名撰，（《唐人說薈》第十冊）。

38. 《嘯旨》，唐，周履靖，（《夷門廣牘》，《藝苑》第四冊）。

39. 《太平御覽》。

40. 《全三國文》，清，嚴可均。

41. 《全漢三國晉南北朝詩》，清，丁福保。

42. 《黃氏逸書考》，清，黃奭。

43. 《王函山房輯佚書》，清，馬國翰。

44. 《漢魏遺書鈔》，清，王謨。

45. 《經學歷史》，清，皮錫瑞。

46. 《歷代名人年譜》，清，吳榮光。

二、近人論著

1. 《魏晉南北朝文學史參考資料》，北大中文史教研室。

2. 《魏晉玄學論稿》，湯用彤。

3. 《後漢魏晉南北朝佛教史》，湯用彤。

4. 《魏晉思想論》，劉大杰。

5. 《魏晉的自然主義》，容肇祖。

6. 《魏晉清談述論》，周紹賢。

7. 《魏晉清談思想初論》，賀昌群。

8. 《魏晉思想與談風》，何啓民。

9. 《竹林七賢研究》，何啓民。

10. 《魏晉南北朝史》，勞幹。

11. 《魏晉南北朝史》，呂思勉。

12. 《魏晉南北朝史論叢》，唐長孺。

13. 《魏晉南北朝史論集》，周一良。

14. 《魏晉南北朝史略》，何茲全。

15. 《魏晉玄學中的社會政治思想略論》，湯用彤、任繼愈合撰。

16. 《魏晉南北朝政治制度》，沈任遠。

17. 《兩晉南北朝士族政治之研究》，毛光漢。

18. 《漢魏南北朝墓誌集釋》，趙萬里。

19. 《道藏源流考》，陳國符。

20. 《中國思想通史》，侯外廬、紀玄冰諸人合撰。

21. 《中古文學史論》，王瑤。

22. 《中國哲學史》，馮友蘭。

23. 《新原道》，馮友蘭。

24. 《才性與玄理》，牟宗三。

25. 《歷代名人年里碑傳總表》，姜亮夫。

26. 《陳寅恪先生論文集》。

27. 《魏晉之莊學》，黃錦鋐。

三、期刊學報

1. 〈與嵇茂齊書作者辨〉，戴明揚，《浙大文學院集刊》第四集。

2. 〈嵇康集校記〉，〔清〕蔡渭，《國立北平圖書館館刊》第四卷第二、五號及第五卷第二、三、四號及第九卷第六號。

3. 〈嵇康研究〉（上下），黃振民，《大陸雜誌》十八卷一，二期（48 年 1 月）。

4. 〈略論魏晉南北朝學術文化與門第之關係〉，錢穆，《新亞學報》五卷二期（52 年 8 月）。

5. 〈論魏晉以來之崇尚談變及其影響〉，牟潤孫，《民主評論》十六卷十期（54 年 5 月）。

6. 〈寒食散考〉，余嘉錫，《輔仁學誌》七卷一、二合期。

7. 〈木屐〉，屈萬里，《大陸雜誌》廿一卷十期。

8. 〈魏晉的清談〉，范壽康，《文哲季刊》五卷二期。

9. 〈魏晉士風與老莊思想之演變〉，孫德宣，《中德學誌》第六卷一、二合期。

10. 〈述阮籍嵇康的思想〉，容肇祖，《中山大學語史所週刊》二九期。

11. 〈漢魏兩晉之論師及其名論〉，李源登，《文史雜誌》二卷一期。

12. 〈六朝世族形成之經過〉，蒙思明，《文史雜誌》一卷九期。

13. 〈東晉之世族名士與州郡權力〉，陶希聖，《食貨月刊》四卷七期。

14. 〈竹林七賢與魏晉政局〉（上下），何啓民，《教育與文化》四一七期、四二○期。

15. 〈魏晉任誕人物的分類與行為的探究〉，古苔光《淡江學報》十二卷。

16. 〈道家思想與道教〉，許地山，《燕京學報》二期。

17. 〈讀太平經經書所見〉，湯用彤，《國學季刊》五卷一期。

18. 〈魏晉招集流亡與豪強勢力〉，吳天任，《民主評論》六卷四期。

19. 〈荊州學派對於三國學術之關係〉，王韶生，《崇基學報》四卷一期。

20. 〈清談考〉，朱寶樑，《幼獅學報》四卷一、二期。

21. 〈漢晉之際士之新自覺與新思潮〉，余英時，《新亞學報》四卷一期。

22. 〈魏晉時代的儒玄論爭〉，李曰濟著、李世傑譯，《恆毅》五卷八卷、十一期、十二期。

23. 〈世說新語札記〉，賀昌群，《國立中央圖書館館刊復刊》第一期。

後　記

　　本論文原擬以白話出之，其後初稿既成，屢加增繕，並囿於校方之規定，始改以文言。又本論文蒙于師大成、黃師錦鋐之教正，與劉慧瑛女士之繕寫，於此並致謝忱。

蕭登福　1976・5・14

附錄一：嵇康《聖賢高士傳讚》輯佚

底本據清・嚴可均《全上古三代秦漢三國六朝文・全三國文・卷五十二・魏・嵇康・聖賢高士傳》，筆者並略加案語以說明出處。

嵇康之結竹林之遊、倡隱逸，除標示自己不爲司馬氏所用外，並以團結名流的方式，以隱退對抗司馬氏之徵召。至其作《高士傳》，則殆借由高士棄名位之高超德行，以羞愧司馬氏之以殺戮爭奪天下爲事。至於《高士傳》的撰作年代，則或許是撰成於嵇康結七賢竹林之遊時；嵇康取材自《論語》、《孟子》、《莊子》、《列子》、《戰國策》、《史記》等書所載隱逸故事以成此書。

廣成子

廣成子，在崆峒之上，黃帝問曰：「吾欲取天地之精，以養萬物，爲之奈何？」廣成子蹙然而起，曰：「至道之精，窈窈冥冥，無視無聽，抱神以靜。我守其一，以處其和，故千二百歲，而形未嘗衰。得吾道者，上爲皇，下爲王；失吾道者，上見光，而下爲土。吾將去汝入無窮之間，遊無極之野，與日月參光，與天地爲常。」（《藝文類聚》三十六）

案：上文黃帝見廣成子的事蹟，出自《莊子・在宥篇》。

襄城小童

黃帝將見大隗于具茨之山，方明爲御，昌寓參乘，黃帝曰：「異哉，請問天下！」小童曰：「予少遊六合之外，適有瞀病，有長者教予乘日車，遊於襄城之野，今病少損，將復六合之外。爲天下者，予奚事焉？夫爲天下亦奚異牧馬哉？去其害馬而已！」黃帝再拜稱天師而還。（《藝文類聚》三十六）

奇哉難測，襄城小童，倦遊六合，來憩茲邦。（《水經・汝水注》）

案：上文黃帝見小童的內容，出自《莊子・徐無鬼篇》。而文末「奇哉難測，襄城小童，倦遊六合，來憩茲邦」等語，應是讚語。

巢 父

巢父，堯時隱人，年老，以樹爲巢，而寢其上，故人號爲巢父。堯之讓許由也，由以告巢父，巢父曰：「汝何不隱汝形，藏汝光？非吾友也！」乃擊其膺而下之。許由悵然不自得，乃遇清泠之水洗其耳，拭其目，曰：「嚮者聞言，負吾友。」遂去，終身不相見。（《藝文類聚》三十六）

許 由

許由字武仲，堯舜皆師之，與齧缺論堯而去，隱乎沛澤之中，堯舜乃致天下而讓焉，曰：「十日竝出，而爝火不息，其光也，不亦難乎？夫子爲天下，則天下治，我由尸之，吾自視缺然！」許由曰：「吾將爲名乎？名者實之賓，吾將爲賓乎？」乃去，宿於逆旅之家，且而遺其皮冠。巢父聞由爲堯所讓，以爲汙，乃臨池水而洗其耳，池主怒曰：「何以汙我水！」由乃退而避耕於中岳、穎水之陽，箕山之下。（《藝文類聚》三十六）

許由養神，宅於箕阿，德眞體全，擇日登遐。（《太平御覽》五十六引《讚》）

案：上文堯讓天下予許由事蹟，出自《莊子・逍遙遊篇》。

壤 父

壤父者，堯時人，年五十擊壤於道中，觀者曰：「大哉帝之德也。」壤父曰：「吾日出而作，日入而息，鑿井而飲，耕地而食，帝何德於我哉！」（《藝文類聚》三十六）

案：壤父〈擊壤歌〉，見於《帝王世紀》及《論衡・藝增篇》。

子州支父

子州支父者，堯舜各以天下讓支父，支父曰：「予適有幽勞之病，方且治之，未暇治天下也。莫知所終」（《藝文類聚》三十六，《御覽》二十六）

案：上引子州支父事蹟，見《莊子・天地篇》，文作「子州支伯」。

善 卷

善卷者，古之賢人也。舜以天下讓之，卷曰：「予立宇宙之中，冬則衣皮毛，夏則衣絺葛，日出而作，日入而息，逍搖天地之間，何以天下爲哉？」遂入深山，莫知其所終。（《藝文類聚》三十六，《御覽》二十六）

案：上引善卷事蹟，見《莊子・天地篇》。

石戶之農

石戶之農，不知何許人，與舜爲友，舜以天下讓之，石父夫負妻戴，攜子以入海，終身不返。（《藝文類聚》三十六，《太平御覽》五百九）

案：上引石戶之農事蹟，見《莊子・讓王篇》。

伯成子高

伯成子高者，不知何許人也。唐、虞之時爲諸侯，至禹，復去而耕。禹往趨而問之曰：「昔堯舜治天下，吾子立爲諸侯，堯授舜，舜授予，吾子去而耕；敢問其故何邪？」子高曰：「昔堯治天下，至公無私，不賞而民勸，不罰而民畏。今子賞而不勸，罰而不畏，德自此衰，刑自此作。夫子盍行乎？無留吾事！」倡倡乎遂復耕而不顧。（《藝文類聚》三十六，《太平御覽》五百九）

案：上引伯成子高事蹟，見《莊子・天地篇》。

卞隨　務光

卞隨、務光者，不知何許人，湯將伐桀，因卞隨而謀，曰：「非吾事也。」湯遂伐桀，以天下讓隨，隨曰：「后之伐桀，謀於我，必以我爲賊也；而又讓我，必以我爲貪也；吾不忍聞。」乃自投湘水。又讓務光，光曰：「廢上非義，殺民非仁，無道之世，不踐其土，況於尊我哉？」乃抱石而沈盧水。（《太平御覽》五百九）

案：以上卞隨、務光事蹟，見《莊子・讓王篇》。

康市子

康市子者，聖人無欲者也。見人爭財而訟，推千金之璧於其旁，而訟者息。（《太平御覽》五百九）

小臣稷

小臣稷者，齊人，抗厲希公，桓公三往而不得見，公曰：「吾聞士不輕爵祿，無以易萬乘之主；萬乘之主不好仁義，無以下布衣之士。」於是五往，乃得見焉。（《太平御覽》五百九）

案：小臣稷事蹟出自《韓非子・難一》。

涓子　齊子

涓子，齊子，不接賓客，服食甚精，至三百年後，釣於河澤，得鯉中魚

符，後隱於宕石山，能致風雨，告伯陽九仙法，淮南王少得其文，不能
解其旨。（《太平御覽》五百九）

案：關令尹喜事蹟，見劉向《列仙傳》。

商 容

商容，不知何許人也。有疾，老子問之曰：「先生無遺教以告弟子？」商
容曰：「將語子，過故鄉而下車，知之乎？」老子曰：「非謂不忘故邪？」
容曰：「過喬奔而趨，知之乎？」老子曰：「非謂其敬老耶！」容張口曰：
「吾舌存乎？」曰：「存。」曰：「吾齒存乎？」曰：「亡。」「知之乎？」
老子曰：「非爲其剛亡而弱存！」商容曰：「嘻！天下事盡矣！」（《藝文
類聚》三十四，《太平御覽》五百九）

案：《淮南子・繆稱篇》：「老子學商容，見舌而知守柔矣。」高誘註：「商
容，神人也；商容吐舌示老子，老子知舌柔齒剛。」

老 子

良賈深藏，外形若虛；君子盛德，容貌若不足。（《史記・老子韓非列傳》
索隱）

案：老子事蹟，見《史記・老子韓非列傳》。

關令尹喜

關令尹喜，州大夫也。善內學、星辰、服食，老子西遊，喜先見氣，物
色遮之，果得老子。老子爲著書。因與老子俱之流沙西，服巨勝實，莫
知所終。（《太平御覽》五百九）

案：關令尹喜事蹟，見劉向《列仙傳》。

亥 唐

亥唐，晉人也，高恪寡素，晉國憚之，雖蔬食菜羹，平公每爲之欣飽。
公與亥唐坐，有間，亥唐出，叔向入，平公伸一足曰：「吾向時與亥子坐，
脚痛足痺，不敢伸。」叔向悖然作色不悅，公曰：「子欲貴乎？吾爵子！
子欲富乎？吾祿子！夫亥先生乃無欲也，非正坐，無以養之，子何不悅
乎？」（《太平御覽》五百九）

案：亥唐事蹟，見《孟子・萬章下》。

項 橐

孔子問項橐曰：「居何在？」曰：「萬流屋是也。」注曰：「言與萬物同流匹也。」〔註1〕（《昭明文選・顏延年〈皇太子釋奠會詩〉》註）

大項橐與孔子俱學於老子，俄而大項爲童子，推蒲車而戲；孔子候之，遇而不識，問：「大項居何在？」曰：「萬流屋是。」到家而知向是項子也，交之，與之談。（《玉燭寶典》四）

案：「大項橐」一段，依戴明揚《嵇康集校注・附錄》補。

狂接輿

狂接輿，楚人也，耕而食。楚王聞其賢，使使者持金百鎰聘之，曰：「願先生治江南。」接輿笑而不應。使者去，其妻從市來，曰：「門外車馬迹何深也？」接輿具告之。妻曰：「許之乎？」接輿曰：「富貴，人之所欲，子何惡之？」妻曰：「吾聞聖人樂道，不以貧易操，不爲富改行；受人爵祿，何以待之？」接輿曰：「吾不許也。」妻曰：「誠然，不如去之。」夫負釜甑，妻戴紝器，變姓名。莫知所之。嘗見仲尼，歌而過之，曰：「鳳兮鳳兮，何德之衰！往者不可諫，來者猶可追。」後更姓名陸通。養性，在蜀峨嵋山上，世世見之。（《太平御覽》五百九）

案：楚狂接輿和孔子相問答，見於《論語・微子篇》及《莊子・讓王篇》。

榮啟期

榮啟期者，不知何許人也，披裘帶索，鼓琴而歌，孔子曰：「先生何樂也？」對曰：「天生萬物，唯人爲貴，吾得爲人，一樂也；以男爲貴，吾得爲男，二樂也；人生有不全於襁褓，吾行年九十五矣，是三樂也。貧者，士之常；死者，民之終；居常以待終，何不樂也？」（《太平御覽》五百九）

案：榮啟期和孔子的問答，見於《列子・天瑞篇》。

長沮　桀溺

長沮、桀溺者，不知何許人也，耦而耕，孔子過之，使子路問津焉。長沮曰：「夫執輿者爲誰？」子路曰：「是孔子。」「是魯孔丘歟？」曰：「是也。」「是知津矣。」問於桀溺，桀溺曰：「子爲誰？」曰：「仲由。」「孔子之徒歟？」對曰：「然。」「與其從避人之士，豈若從避世之士哉？」耰而不輟。子路以告孔子，孔子憮然曰：「鳥獸不可與同群，吾非欺人之徒歟？」（《太平御覽》五百九）

〔註1〕嚴可均以爲此爲周續之僅存之注語。

案：長沮、桀溺事蹟，見於《論語・微子篇》。

荷蓧丈人

荷蓧丈人，不知何許人也。子路從而後，問曰：「子見夫子乎？」丈人曰：「四體不勤，五穀不分，孰爲夫子？」植其杖而耘。子路行以告，子曰：「隱者也。」使子（路）反見之，至，則行矣。（《太平御覽》五百九）

案：荷蓧丈人事蹟，見於《論語・微子篇》。

太公任

太公任者，陳人，孔子圍陳，七日不火食，太公往弔之，曰：「子幾死乎？夫直木先伐，甘井先竭，子其飾智以驚愚，修身以明汙，昭昭如揭日月而行，故汝不免於患也。孰能削迹捐勢，不爲功名者哉？無責於人，人亦無責焉。」孔子曰：「善，辭其交遊，巡於大澤，入獸不亂群，而況人也？」（《太平御覽》五百九）

案：太公任和孔子問答，事蹟見於《莊子・山木篇》。

漢陰丈人

漢陰丈人者，楚人也。子貢適楚，見丈人爲圃，入井抱甕而灌，用力甚多。子貢曰：「有機於此，後重前輕，曰桔橰，用力寡而見功多。」丈人作色曰：「聞之吾師，有機事者，必有機心。機心存於胸，則純白不備。」子貢愕然慚不對。有間，丈人曰：「子奚爲？」曰：「孔丘之徒也。」丈人曰：「子非博學以疑聖知，獨絃歌以買聲名於天下者乎？方且亡汝神氣，墮汝形體，何暇治天下乎？子往矣，勿妨吾事。」（《太平御覽》五百九）

案：漢陰丈人事蹟見《莊子・天地篇》。

被裘公

被裘公者，吳人也。延陵季子遊，見道中有遺金，顧而謂公曰：「取彼金。」公投鎌，瞋目拂手而言曰：「何子居之高而視之卑！五月被裘而負薪，豈取遺金者哉？」季子大驚，既謝而問其姓名，公曰：「吾子皮相之士，何足語姓名也。」（《藝文類聚》三十六，《太平御覽》二十二）

案：被裘公事蹟見《韓詩外傳》卷十。

延陵季子

延陵季子，名札，吳王之子，最少而賢，使上國還，會闔閭使專諸刺殺王僚，致國於札，札不受，去之延陵，終身不入吳國。初適魯聽樂，論眾國之風，及過徐，徐君欲其劍，札心許之；及還，徐君已死，即解（劍）帶掛樹而去。(《太平御覽》五百九)

案：以上事蹟見《新序・節士第七》。

原　憲

原憲味道，財寡義豐，栖遲蓽門，安賤固窮，絃歌自樂，體逸心沖，進應子貢，邈有清風。(《初學記》十七)

案：上文應爲原憲傳後，嵇康讚語。

范　蠡

范蠡者，徐人也，相越滅吳，去之齊，號鴟夷子，治產數千萬，去止陶，爲陶朱公，後累巨萬。一曰：蠡事周，師太公，服桂飲水，去越入海，百餘年乃見於陶，一旦棄資財，賣藥於蘭陵，世世見之。(《太平御覽》五百九)

案：事蹟見《史記・越王句踐世家第十一》。

屠羊說

屠羊說者，楚人。隱於屠肆，昭王失國，說往從王，王反國，欲將賞說。說曰：「大王失國，說失屠羊，大王反國，說亦屠羊，臣之爵祿復矣。又何賞之有？」王使司馬子綦延之以三珪之位，說曰：「願長反屠羊之肆耳。」遂不受。(《太平御覽》五百九)

案：以上屠羊說事蹟，見《莊子・讓王篇》。

市南宜僚

市南宜僚，楚人也。姓熊，白公爲亂，使石乞告之，不從，承以劍，與僚弄丸不輟，魯侯問曰：「吾學先生之道，勤而行之，然不免於憂患，何也？」僚曰：「君今能刳形洒心，而遊無人之野，則無憂矣。」(《太平御覽》五百九)

案：市南宜僚與魯侯問答事，見《莊子・山木篇》。

周　豐

周豐，魯人也，潛居自貴。袁公執贄請見之，豐辭。使人問曰：「有虞氏

未施信於民，而民信；夏后氏未施敬於民，而民敬；何施而得此於民也？」
對曰：「墟墓之間，未施哀於民而民哀；宗廟社稷中，未施敬於民而民敬；
殷人作《誓》而民始叛；周人作會而民始疑。苟無禮義忠信誠愨之心以
蒞之，然雖固乘結之，民其可不解乎！」（《太平御覽》五百十）

案：周豐事蹟，見《禮記・檀弓下》。

顏 闔

顏闔者，魯人也，魯君聞其賢，以幣聘焉；闔方服布衣，自飯牛，使者
問曰：「此顏闔家邪？」曰：「然。」使者致幣，闔曰：「恐聽誤而遺使者
羞。」使者反，復來求之，闔乃鑿坯而遁。（《太平御覽》五百九）

案：事蹟見《呂氏春秋・貴生篇》，「顏闔」作「顏闔」。

段干木

段干木者，治清節，游西河，守道不仕，魏文侯就造其門，干木踰垣而
避之。文侯以客禮出，過其廬則式，其僕問之，文侯曰：「干木不趨勢，
隱處窮巷，聲馳千里，敢勿式乎？」文侯所以名過齋桓公者，能尊段干
木，敬卜子夏，友田子方也。（《藝文類聚》三十六）

案：段干木事蹟見劉向《新序・雜事第五》。

莊 周

莊周少學老子，梁惠王時爲蒙縣漆園吏，以卑賤不肯仕。楚威王以百金
聘周，周方釣於濮水之上，曰：「楚有龜，死三千歲矣，今巾笥而藏之於
廟堂之上，此龜寧生而掉尾塗中耳。子往矣，吾方掉尾於塗中。」後齊
宣王又以千金之幣迎周爲相，周曰：「子不見郊祭之犧牛乎？衣以文繡，
食以芻菽，及其牽入太廟，欲爲孤豚，其可得乎？」遂終身不仕。（《藝
文類聚》三十六）

案：上述莊周事蹟，見《莊子・秋水篇》。

閭丘先生

閭丘先生，齊人也。齊宣王獵於杜山，杜山父老十三人，相與勞王，王
賜父老衣服，父老皆謝，先生獨不拜，王曰：「少也？復賜無徭役。」先
生復獨不拜。王曰：「父老幸勞之，故答以二賜；先生獨不拜，何也？」
閭丘曰：「聞王之來，願得壽、得富、得貴於大王也。」王曰：「死生有
命，非寡人也。倉廩備蓄，無以富先生；大官無闕，無以貴先生。」閭

丘曰：「非所敢望，願選良吏，平法度，則臣得壽矣；振之以時，則臣得富矣；令少敬長，則臣得貴矣。」（《太平御覽》五百九）

案：閭丘先生事蹟見劉向《說苑・善說篇》。

顏 歜

顏歜者，齊人也。宣王見之，王曰：「歜前！」歜曰：「王前！」王不悅。歜曰：「夫歜前為慕勢，王前為趨士。」王作色曰：「士貴乎？」歜曰：「昔秦攻齊，令曰：『敢近柳下惠壟樵者，罪死不赦；有能得齊王頭者，封萬戶。』由是觀之，生王之頭，不如死士之壟！」齊王曰：「願先生與寡人遊，食太牢，乘安車。」歜曰：「願得蔬食以當肉，安步以當輿，無罪以當貴，清淨以自娛。」遂辭而去。（《太平御覽》五百十）

案：顏歜，一般作顏歌，上述事蹟見《戰國策・齊策四》。

魯 連

魯連者，齊人，好奇偉俶儻，嘗遊趙，秦圍邯鄲，連難新垣衍以秦為帝，秦軍為卻，平原君欲封連，連三辭不受。平原君又置酒，乃以千金為連壽。連笑曰：「所貴天下之士者，為人排患釋難而無取也，即有取之，是商賈之事爾。不忍為也。」及燕將守聊城，田單攻之不能下，連乃為書射城中，遺燕將，燕將見書，泣三日，乃自殺，城降，田單欲爵連，連曰：「吾與於富貴而詘於人，寧貧賤輕世而肆意。」遂隱居海上，莫知所在。（《藝文類聚》三十六，《太平御覽》五百十））

案：魯連事蹟，見《史記・卷八十三・魯仲連鄒陽列傳第二十三》。

於陵仲子

於陵仲子，齊人，常歸省母，人饋其兄鵝，仲子嚬蹙曰：「惡用是鶂鶂者哉！」（《太平御覽》三百九十二）

案：於陵仲子事蹟見《孟子・滕文公下》。此條據戴明揚《嵇康集校注・嵇康集附錄》增。

漁 父 《史通・雜說下》引。

案：此條據戴明揚《嵇康集校注・嵇康集附錄》增，有目無辭。

田 生

田生菅床茅屋，不肯仕宦。惠帝親自往，不出屋。（《藝文類聚》三十六）

河上公

河上公，不知何許人也，謂之丈人。隱德無言，無德而稱焉。安丘先生等從之，修其黃、老業。（《太平御覽》五百十）

安丘生

安丘望之，字仲都，京兆長陵人。少持《老子經》，恬淨不求進宦，號曰安丘丈人，成帝聞，欲見之。望之辭不肯見，為巫醫於人間也。（《後漢書・耿弇傳》注）

案：上文據戴明揚《嵇康集校注・嵇康集附錄》增。

長靈安丘生病篤，弟子公沙都來省之，與安共至於庭樹下，聞李香，開目見雙赤著李枯枝，自墮掌中，安食之，所苦盡愈。（《太平御覽》九百六十八）

案：此段據戴明揚《嵇康集校注・嵇康集附錄》增。

司馬季主

司馬季主者，楚人也。卜於長安。漢文帝時，朱（宋）忠、賈誼為太中大夫，誼曰：「吾聞聖人不居朝廷，必在巫醫，試觀卜數中。」見季主閑中，弟子侍而論陰陽之紀。二人曰：「觀先生之狀，見先生之辭，世未嘗見也。尊官高位，賢者所處，何業之卑？何行之污？」季主笑曰：「觀大夫類有道術，何言之陋？夫相引以勢，相導以利，所謂賢者，乃可為羞耳。夫內無飢寒之累，外無劫奪之之憂，處上而有敬，居下而無害，君子道也。卜之為業，所謂上德也。鳳凰不與燕雀為群，公等喁喁，何知長者？」二人忽忽不覺自失，後遂不知季主所在。（《太平御覽》五百十）

董仲舒 　（《史通・品藻篇》引）

案：此條據戴明揚《嵇康集校注・嵇康集附錄》增，有目無辭。

司馬相如

司馬相如者，蜀郡成都人，字長卿。初為郎，事景帝。梁孝王來朝，從遊說士鄒陽等，相如說之，因病免遊梁。後過臨邛，富人卓王孫女文君新寡，好音，相如以琴心挑之，文君奔之，俱歸成都。後居貧，至臨邛買酒舍，文君當壚，相如著犢鼻褌，滌器市中。為人口吃，善屬文，仕

宦不慕高爵，嘗託疾不與公卿大事，終於家。其贊曰：長卿慢世，越禮自放，犢鼻居市，不恥其狀，託疾避官，蔑此卿相。乃賦《大人》，超然莫尚。（《世說新語‧品藻篇》注，《昭明文選‧謝惠連秋懷詩》注）

案：司馬相如事蹟見《史記‧卷一百七‧司馬相如列傳第五十七》。

韓　福

韓福者，以行義修絜，漢昭帝時以德行徵，病不進。元鳳元年，詔賜帛五十匹，遣長吏時以存問，常以八月賜羊酒，不幸死者，賜複衾一，祠以中牢。自是至今，為徵士之故事。福終身不仕，卒於家。（《藝文類聚》三十六）

班　嗣

班嗣，樓煩人也。世在京師，家有賜書，內足於財，好老莊之道，不屑榮官，恆居山，父黨揚子雲以下，莫不造門。桓君山從借《莊子》，嗣報曰：「若莊子者，絕聖棄智，修性保身，清虛淡泊，歸之自然。釣魚於一壑，則萬物不干其志；棲遲於一丘，則天下不易其樂。今吾子闚仁義之羈絆，係聲名之繮鎖，伏孔氏之軌躅，馳顏、閔之極藝，既繫攣於世教矣，何用大道為自炫燿也？昔有學步邯鄲者，失其故步，匍匐而歸耳，恐似此類，故不進也。」其行己持論如此，遂終於家。（《藝文類聚》三十六，《太平御覽》五百十））

蔣　詡

蔣詡，字元卿，杜陵人，為兗州刺史。王莽為宰衡，詡奏事，到灞上，稱病不進。歸杜陵，荊棘塞門，舍中有三徑，終身不出。時人諺曰：「楚國三龔，不如杜陵蔣翁。」（《太平御覽》五百十）

求仲　羊中

求仲、羊仲二人，不知何許人，皆治車為業，挫廉逃名。蔣元卿之去兗，還杜陵，荊棘塞門，舍中有三徑，不肯出，唯二人從之遊，時人謂之「二仲」。（《聖賢群輔錄》）

案：此條據戴明揚《嵇康集校注‧嵇康集附錄》增補。

尚長　禽慶

尚長字子平，禽慶字子夏，二人相善。慶隱避，不仕王莽；長通《易》、

《老子》，安貧樂道，好事者更餽遺，輒受之，自足還餘，如有不取也，舉措必於中和。司空王邑辟之連年，乃欲薦之於莽，固辭乃止，遂求退。讀《易》至〈損、益卦〉，喟然嘆曰：「吾知富貴不如貧賤，未知存何如亡爾！」爲子嫁娶畢，敕：「家事斷之，勿復相關，當如我死矣。」是後肆意，與同好遊五岳名山，遂不知所在。(《藝文類聚》三十六)

案：尙長，《後漢書·逸民傳》作「向長」。

逢貞　李邵公

逢貞，字叔平，杜陵人；李邵公，上郡人。貞世二千石，王莽辟不至，嘗爲杜陵門下掾，終身不窺長安城，但閉戶讀書，未嘗問政，不過農田之事。邵公，王莽時避地河西，建武中，竇融欲薦之，面辭，乃止。家累百金，優遊自樂。(《太平御覽》五百十，又六百十一)

薛　方

薛方，齊人，養德不仕。王莽安車迎方，因謝曰：「堯舜在上，下有巢許，今明王方欲隆唐虞之德，亦猶小人臣欲守箕山之志。」莽悅其言，遂終於家。(《太平御覽》五百十)

龔　勝

龔勝，楚人，王莽時遣使徵聘，義不事二姓，遂不食而死。有父老來弔，甚哀，既而曰：「嗟乎！薰以香自燒，膏以明自銷；龔先生竟夭天年，非吾徒也。」趨而出，終莫知其誰也。(《太平御覽》五百十)

隱德容身，不求名利，避亂遠害，安於賤役。(《史通·浮詞》)

案：「隱德容身，不求名利」以下四句，據戴明揚《嵇康集校注·嵇康集附錄》增。龔勝事蹟見《漢書·龔舍傳》。

逢萌　徐房　李雲　王遵

北海逢萌，字子康；北海徐房，字平原；李曇，字子雲；平原王遵，字君公；皆懷德穢行，不仕亂世，相與爲友，時人號之四子。(《聖賢群輔錄》)

逢萌、徐房、李雲、王尊，同時相友，世號之四子。(《太平御覽》五百九)

王遵，字君公，明《易》，爲郎，數言事不用，乃自汙與官婢通，免歸，

詐狂儈牛，口無二價也。（《後漢書・逢萌傳》注）

案：首段「北海逢萌，字子康」，係據戴明揚《嵇康集校注・嵇康集附錄》增。又，逢萌事蹟，見《後漢書・逸民傳》

孔 休

孔休元嘗被人斫之，至見王莽，以其面有瘡瘢，乃碎其玉劍璏與治之。《太平御覽》七百四十二。王莽徵孔休，休飲血於使者前吐之，爲病篤，遂不行。（《太平御覽》七百四十三）

案：此條據戴明揚《嵇康集校注・嵇康集附錄》增。

揚雄（《史通・品藻篇》引）

案：此條據戴明揚《嵇康集校注・嵇康集附錄》增，有目無辭。

井 丹

井丹，字大春，扶風郿人，博學高論，京師爲之語曰：「五經紛綸，井大春。」未嘗書刺謁一人。北宮五王更請，莫能致。新陽侯陰就使人要之，不得已而行，侯設麥飯蔥菜，以觀其意，丹推卻曰：「以君侯能供美膳，故來相過，何謂如此？」乃出盛饌。侯起，左右進輦，丹笑曰：「聞桀、紂駕人車，此所謂人車者邪！」侯即去輦。越騎梁松，貴震朝廷，請交丹，丹不肯見。後丹得時疾，松自將醫視之，疾愈，久之，松失大男磊，丹一往弔之，時賓客滿廷，丹裘褐不完，入門，坐者皆竦望其顏色，丹四向長揖，前與松語，客主禮畢後，長揖徑坐，莫得與語。不肯爲吏，徑出，後遂隱遁。其讚曰：

> 井丹高潔，不慕榮貴。抗節五王，不交非類，顯譏輦車，左右失氣。
> 被褐長揖，義陵群萃。（《世說新語・品藻篇》注，又略見《太平御覽》四百十）

案：井丹事蹟，見《後漢書・逸民列傳・井丹傳》。

鄭仲虞

鄭均，不仕漢朝，章帝自往，終不肯起。帝東巡，過任城，乃幸均舍，勅賜尚書祿以終其身。時人號爲白衣尚書。（《北堂書鈔》六十）

鄭仲虞，不知何許人也。漢章帝自往，終不肯起，曰：「願陛下何惜不爲太上君，令臣得爲倨懇之民。」天子以尚書祿終其身，世號之白衣尚書。

（《太平御覽》五百十）

案：此條清・嚴可均據《太平御覽》而略改。今據戴明揚《嵇康集校注・嵇康集附錄》並列二出處。鄭均事蹟，見《後漢書・卷二十七・鄭均列傳》。

高　鳳

高鳳，字文通，南陽葉人，少爲諸生，家以農畝爲業，鳳專精誦習，妻嘗之田，曝麥於庭，令鳳護雞，時天暴雨，鳳持竿誦經，不覺潦水流麥，妻還怪問，乃省。其後遂爲名儒。（《世說新語・補德行篇》注）

案：此條據戴明揚《嵇康集校注・嵇康集附錄》增。高鳳事蹟見《後漢書・逸民列傳》。

臺　佟

刺史執棗栗之贄往。（《後漢書・臺佟傳》注）

案：此條據戴明揚《嵇康集校注・嵇康集附錄》增；臺佟事蹟見《後漢書・逸民列傳》。

附錄二：嵇康〈養生論〉之沿承與影響

　　嵇康〈養生論〉，是過江後王導所談三大名論之首。〈養生論〉對東晉玄學及道教的發展，均有深遠的影響。嵇康的〈養生論〉，主張神仙稟之自然，所謂自然，即是須天生有仙骨者才能得神仙；至於一般人「導養得理，以盡性命，上獲千餘歲，下可數百年。」嵇康並將養生分養形與養神來論述養生；心裡之因素爲養神，心理之因素，易逐於外物，難於滿足，所以以恬淡寡慾，以意足來修養它；生理之因素爲養形，飢食渴飲，較易滿足，但更須進而以道教藥餌、導引來將養它；進而使形、神俱濟。

　　嵇康在〈養生論〉中，不僅承襲了先秦老莊恬淡、清靜的養神說，也將道教的導引、服食等鍊形法門，運用到養生上來。這樣的作法，下啓了葛洪《抱朴子・養生論》〔註1〕等六朝諸多養生論的產生。

　　在養生思想的源承上，嵇康的〈養生論〉首先是源自老莊以養神爲主養形爲輔的養生說。

壹、嵇康養生思想與先秦老莊以養神爲主，養形爲輔之養生說

　　道教養生治身說，可以上溯到先秦時期的道家；不僅在《莊子》〈養生主〉、〈達生篇〉等找到豐富的材料，更可以往上追溯到春秋之世的老子。

　　《老子・十章》說：「載營魄抱一，能無離乎？專氣致柔，能嬰兒乎？滌除玄覽，能無疵乎？」《老子・五十九章》說：「深根固柢，長生久視之道。」《老子・四十八章》說：「爲學日益，爲道日損，損之又損，以至於無爲，無爲而無不爲。」《老子・六章》說：「綿綿若存，用之不勤。」《老子・三章》：

〔註1〕葛洪〈養生論〉見《四部備要・子部》所收《抱朴子》〈抱朴子附篇〉。

「虛其心，實其腹。」《老子‧十六章》：「致虛極，守靜篤。」上述所講的這些內容，都被後世煉氣「養形」者所宗法。而《老子》其它篇章所見到的「虛靜」、「無爲」、「恬澹」、「寡欲」等說，則又都是與「養神」修心有關。

因而在養生修道方面，以老子而言，已明顯看出養神（恬澹寡欲、虛靜無爲）、養形（專氣導引、綿綿若存）二者。老子的學生文子，以及道家的發揚者莊子，二人在其書中，也沿承了老子的說法，明白的將養生治身之方，區分爲養神與養形二者。《文子‧下德篇》：

> 老子曰：治身：太上養神，其次養形。神清意平，百節皆寧，養生之本也；肥肌膚，充腹腸，供嗜欲，養生之末也。

《文子‧道原篇》說：

> 眞人體之以虛無平易，清淨柔弱，純粹素樸，不與物雜，至德天地之道，故謂之眞人。眞人者，知大己而小天下……爲無爲，事無事，知不知也。懷天道，包天心，噓吸陰陽，吐故納新，與陰俱閉，與陽俱開，與剛柔卷舒，與陰陽俯仰，與天同心，與道同體……夫形傷乎寒暑燥濕之虐者，形究而神杜；神傷於喜怒思慮之患者，神盡而形有餘。故眞人用心復性，依神相扶，而得終始，是以其寢不夢，覺而不憂。（《正統道藏‧洞神部‧玉訣類‧璧字號》新文豐刊本第二十八冊）

《文子‧下德》引老子之語，明白的說出了：「治身：太上養神，其次養形。」將養生修道之方式，區分爲養神、養形二者，以目前史料看，始見於此。而《文子‧道原篇》中，亦由清虛無爲（養神）的眞人，敘述到「噓吸陰陽，吐故納新（養形），與陰俱閉，與陽俱開，與剛柔卷舒，與陰陽俯仰，與天同心，與道同體」；說明了「養神」之外，也須「養形」。不使「形傷乎寒暑燥濕之虐」，此爲養形；不使「神傷於喜怒思慮之患」，此爲養神；兩者兼顧，才能成爲眞人。養神、養形之說，又見於年世稍後的《莊子》書中。

《莊子‧刻意篇》：

> 吹呴呼吸，吐故納新，熊經鳥申，爲壽而已矣；此道引之士，養形之人，彭祖壽考者之所好也。若夫不刻意而高，無仁義而修，無功名而治，無江海而閒，不道引而壽；無不忘也，無不有也；澹然無極，而眾美從之，此天地之道，聖人之德也。故曰：夫恬惔寂漠，虛無無爲，此天地之平而道德之質也。故曰聖人休休焉，則平易矣。

平易則恬惔矣。平易恬惔，則憂患不能入，邪氣不能襲，故其德全而神不虧。

《莊子·刻意篇》將修真之境界分為二種，其一為「吹呴呼吸，吐故納新，熊經鳥申」等養形之人；其一為「恬惔寂寞，虛無無為」「德全而神不虧」的養神之人；莊子認為養神者的境界，遠在養形者之上。其說應是承繼《文子·下德》以養神為上，養形為次之說而來。《莊子》雖然認為養神在養形之上，但他並不輕視養形，《莊子·在宥》載黃帝向廣成子問道，廣成子告以養神養形兼備，「女神將守形，形乃長生……故我修身千二百歲矣，吾形未嘗衰。」《莊子·大宗師》說：「真人之息以踵，眾人之息以喉。」《莊子·天地篇》說得道之人「千歲厭世，去而上僊；乘彼白雲，至於帝鄉。」這些都說明了莊子重視養神，亦不輕視養形，只是養神為先，養神為次。

又，《莊子·達生篇》載田開之和周威公有關養生之問答，除養形、養神說外，更闡述了養生須內外兼顧。文云：

開之曰：「聞之夫子曰：善養生者，若牧羊然，視其後者而鞭之。」威公曰：「何謂也？」田開之曰：「魯有單豹者，巖居而水飲，不與民共利，行年七十，而猶有嬰兒之色，不幸遇餓虎，餓虎殺而食之。有張毅者，高門縣薄，無不走也；行年四十而有內熱之病以死。豹養其內，而虎食其外，毅養其外，而病攻其內。此二子者，皆不鞭其後者也。」

莊子將養生分為內、外兩者；「內」指內在形體身心方面的攝養；「外」指功名利祿等外在環境與人際關係。文中所言單豹、張毅事跡，又見載於《呂氏春秋·必己篇》。以《莊子·達生篇》文意看來，上述所言的「養形」、「養神」二者，似乎都仍屬於「內」；必須兼顧及外在的環境，才能免禍而全身；不然，如單豹精於「養內」，而拙於「養外」，將仍有被虎所食之患。

歷史上以「養生」為題名來論述養生理論，現存最早的當為《莊子》〈養生主〉及〈達生篇〉，至漢代則為王充《養性書》。《莊子》〈養生主〉、〈達生篇〉、漢·王充《養性書》、三國·嵇康〈養生論〉等等，都是倡導涵養心性、煉養身體，期使生命能延長，身體能康健；這樣的概念，自然容易和以長生久壽為主的道教相結合。道教，以養生為基，以成仙為目的；既是以養生為基，以長生為目標。所以自先秦以來，以養神、養形為主要內涵的養生說，自然會走向和道教相結合，而成為道教修仙術的一種方法。

三國魏・嵇康撰〈養生論〉，大談養神與養形之關係，所謂：「形恃神以立，神須形以存；悟生理之易失，知一過之害生；故修性以保神，安心以全身，愛憎不棲於情，憂喜不留於意，泊然無感，而體氣和平。又呼吸吐納，服食養身，使形神相親，表裏俱濟也。」但嵇康仍不免被司馬昭所殺；這就是《莊子・達生》所說的養其內而不養其外。

莊子雖然將道家養生的「養形」、「養神」同歸於「養內」；並進而包涵了人與外在環境的人際關係，稱之爲「養外」；但一般談論養生法門者，都僅限於一己身心之涵養與調理；而不涉及人與人間的人際關係，或仕隱進退等政治層面的問題。亦即一般論養生者，只談養內的「養形」、「養神」二者，而忽略了養外的人際關係。雖然嵇康的養生和莊生的養生說已有所距離，莊子重養神，嵇康以道教養形長生說爲目標，兩者顯然有差異，但老莊的養生理論，則無疑的是嵇康養生說的思想源頭。

貳、漢代養生思想及王充《養性書》所見的養生說

一、周漢養生思想的流變

在養生方面，《老子》、《文子》、《莊子》書中的養生，都以養神爲先，以爲養神貴於養形。養神，著重在吾人心性精神方面的涵養，目的在不使外在的環境惑亂我們平靜的心湖，而導致傷生害命。養形則以藥餌、吐納來增益身體之抵抗力及延長壽命。養形重視導引與藥物，道教的「藥」，有內外之別；黃白、丹砂、靈芝、雄黃等供服食的藥物爲「外丹」；導引、吐納、服氣、避穀等爲「內丹」修煉。內、外丹的分別，在於內丹煉氣，外丹服食；煉氣以導引爲基，服食以藥餌爲主。《通幽訣》頁十八說：「氣能存生，內丹也。藥能固形，外丹也。」（《正統道藏・洞神部・眾術類・蘭字號》）

自先秦而後，養神和養形兩者，都有很好的發展。但在周秦兩漢時期，學者大都認爲養神之重要性，尤在養形之上，所以從戰國至漢世，學者大都偏重在養神方面的討論。屈原《楚辭・遠游》：

> 漠虛靜以恬愉兮，澹無爲而自得；聞赤松之清塵兮，願承風乎遺則。
> 貴眞人之休德兮，美往世之登仙。……見王子而宿之兮，審壹氣之
> 和德。曰：道可受兮，不可傳；其小無內兮，其大無垠；無滑而魂
> 兮，彼將自然；壹氣孔神兮，於中夜存；虛以待之兮，無爲之先。……

文中明顯的看出，屈原拿老子的恬淡寡欲、清靜無爲、壹氣和德等思想，來

做爲修仙法門，如此才能和赤松子、王喬等同壽、共遊。屈原《遠游篇》所說的，即是「養神」方式的修仙。由於「喜」「怒」是擾神之最大者，《文子·道原篇》所謂：「人大怒破陰，大喜墜陽。」《莊子·在宥》：「人大喜邪，毗於陽；大怒邪，毗於陰。」因而到了戰國末及漢世，在養神的修煉上，便逐漸重視不以喜怒擾心的修道方式。

《黃帝內經·素問·陰陽應象大論篇》云：

> 故喜怒傷氣，寒暑傷形；暴怒傷陰，暴喜傷陽。

一九八四年江陵張家山出土漢簡《引書》〔註2〕：

> 人生于清，不智（知）愛其氣，故多病而易死。人之所以善蹶，蚤（早）衰于陰，以其不能節其氣也。能善節其氣而實其陰，則利其身矣。貴人之所以得病者，以其喜怒之不和也。喜則陽氣多，怒則陰氣多。是以道者喜則急呴，怒則劇炊，以和之。吸天地之精氣，實其陰，故能毋病。賤人之所以得病者，勞倦飢渴，白汗夬絕，自入水中，及臥寒窲之地，不智（知）收衣，故得病焉；有（又）弗智呴虖而除去之，是以多病而易死。

《黃帝內經·素問》所說：「喜怒傷氣，寒暑傷形。」是以醫學的角度，來論述內在的喜怒及外在的寒暑，對吾人身體的影響。《引書》所說不以喜怒傷神，且以「呴虖」呼吸吐納來治病，則兼顧了養神、養形二者。到了漢世，養神之說甚盛，《淮南子》、桓譚《新書》、王充《論衡》書中均有談到。

西漢·劉安《淮南子·原道篇》：

> 是故大丈夫恬然無思，澹然無慮，以天爲蓋，以地爲輿，四時爲馬，陰陽爲驂，乘雲陵霄，與造化者俱。

> 夫喜怒者，道之邪也；憂悲者，德之失也；好憎者，心之過也；嗜欲者，性之累也。人大怒破陰，大喜墜陽，薄氣發瘖，驚怖爲狂；憂悲多恚，病乃成積；好憎繁多，禍乃相隨。故心不憂樂，德之至也；通而不變，靜之至也；嗜欲不載，虛之至也；無所好憎，平之至也；不與物散，粹之至也。能此五者，則通於神明。通於神明者，得其內者也。是故以中制外，百事不廢。

〔註2〕引文見《文物》，1990年第10期，張家山漢簡整理組《張家山漢簡引書釋文》。彭浩《張家山漢簡引書初探》以爲《引書》的抄寫年代不會晚於呂后二年（前186年），成書年代應在秦或先秦。

淮南王劉安《淮南子》一書中對道體的敘述，及修道之方，有許多是沿承《文子》之說，甚且是抄襲《文子》的文句而來。上論所引恬然無思，不以喜怒、憂悲、好憎、嗜慾擾心，清虛平靜等，皆是養神之說。

西漢·桓譚《新論》：

> 劉子駿信方士虛言，謂神仙可學；嘗問言：「人誠能抑嗜欲，閉耳目，可不衰竭乎？」余見其庭下有大榆樹，久老剝折，指謂曰：「彼樹無情欲可忍，無耳目可閉，然猶枯槁朽蠹，人雖欲愛養，何能使不衰？」
> （清·嚴可均《全後漢文》卷十五）

上述為桓譚之駁斥劉歆神仙養生說。劉歆為西漢大文學家劉向的兒子，父子兩人均深信神仙養生之說，以為修行《老子》清心寡慾之術可以長生；桓譚則駁以大榆樹無情欲，亦不能長生。兩人的討論，均皆側重在養神上。文中桓譚說「彼樹無情欲可忍」；此語出自於古人誤認以為「草木無情」，其實草木並非無情，草木亦有生命現象，有生命現象者，自然有好憎等「情識」，今日科學已可證明；既如此，則草木自會有「久老剝折」的現象產生，桓譚以此為駁，反而不能成立。

東漢·王充《論衡·道虛篇》：

> 世或以老子之道為可以度世，恬淡無欲，養精愛氣。夫人以精神為壽命，精神不傷，則壽命長而不死。成事，老子行之，踰百度世，為真人矣。

由桓譚、王充所講，可知西漢及東漢，世人皆普遍相信修老子之術，可以長生，超越凡世而不死。而所言之修法：「恬淡無欲，養精愛氣」，正是「養神」之說。漢代以養神來修仙，當是承繼戰國《文子》、《莊子》及屈原《楚辭·遠游》說而來。

二、王充《論衡》養生說對嵇康〈養生論〉的影響

東漢·王充《論衡·自紀篇》談到了，他在晚年曾著作《養性書》十六篇；這本書現在雖已亡佚，但在〈自紀篇〉中曾談到了這本書的性質是：「養氣自守，適食則酒。閉明塞聰，愛精自保。適輔服藥、引導，庶冀性命可廷，斯須不老。」閉塞聰明一語，是指去除耳目聲色之物慾，聰指耳，明指目；由這些話，我們知道王充的《養性書》，主旨在於：減耳目之慾，清靜無為；外節飲食，內歛精氣，並輔以服藥、導引。這種修鍊的方式，兼糅了道家與道教的修煉法。

養生說，首見於《莊子·養生主》，但莊子並不讚成熊經鳥伸、導引吐納等養形之說，而主張「棄智」與「安時處順」等養神方式。因為「生有涯，知無涯」，所以人該「棄智」；且唯有安時處順，才能使哀樂不能入，所以養生旨在尋求順世不攖生，而不必企求長生。

《莊子》之書雖然爲魏晉清談主要典籍，但在養生說上，王充雖重視恬淡寡欲的養神，也開始注重「適輔服藥、引導，庶冀性命可廷，斯須不老。」這些概念則是採道教之方式來養形。

王充《養性書》有十六篇之多，其內容必極有可觀者，但其書既佚，僅留下《論衡·自紀篇》中王充自己介紹該書的短短數語，難以窺其全豹，但由文字間，可以看出王充除注重老莊養精愛精的養神說外，也注重道教服餌（服藥）煉養（導引）等內外丹的養形之說。這樣的概念，可能對三國時的嵇康〈養生論〉有所啓發。

參、嵇康〈養生論〉、〈答難養生論〉中融匯老莊養神與道教養形於一爐的養生思想

東漢王充在養生方面，雖採道教說，但在《論衡·道虛篇》中對道教仍有所抨擊。至三國魏·嵇康〈養生論〉則大量熔合了老莊重視養神和道士重視養形於一爐，主張恬淡寡欲與導引、服餌並重。其後東晉·葛洪〈養生論〉，承襲嵇康說，也是將老莊恬淡寡欲思想和道士煉養之說相合為一。

嵇康〈養生論〉首先談到養生和神仙的關係，養生是神仙之基，修仙須借由養生，但養生未必能得仙，須有仙骨並養生得宜，方能得仙。至於常人，雖不能得仙，但「導養得理，以盡性命」自可「上獲千餘歲，下可數百年」。而養生最主要的在於重視「形」與「神」之關係。嵇康以為形體依賴精神而存在，精神依賴形體而生存，所謂「形恃神以立，神須形以存」。而精神方面的修煉屬於心理方面的涵養，形體方面的修煉，則是屬於生理方面的須求。精神（心理）上的喜怒哀樂等反應會影響形體（生理），形體（生理）上的盛健衰病也會影響精神（心理）。嵇康進而分析人的情感及慾望，可以分為「性之動」和「智之用」二種；性之動是人類肉體自然的反應，本能的需求，屬生理方面的，如飢而求食，倦而欲眠，性慾起就想發泄等等。智之用是人類心理上的需求，是經過思慮心分別心，隨時空異俗而所起的心理慾望，如喜歡吃山珍海味，喜歡美色好音，愛好賢智，憎惡凡愚等等。生理上

的性之動，容易滿足，粗茶淡飯和山珍海味，同樣可以解決飢餓，但心理上的感受各自不同；嫫母、西施，同樣可以解決性慾，但心理總會憎醜愛美。生理的需求，飽足後不再追求；心理的需求，則倦而不已，永無止息。由於心理上的智之用較不容易滿足，所以須重「意足」，收之以恬，糾之以和；抑之以恬淡寡慾（恬），和之以宣導得宜（和），以「意足」來處理它。

嵇康〈答難養生論〉云：

> 夫不慮而欲，性之動也。識而後感，智之用也。性動者，遇物而當，足則無餘。智用者，從感而求，勌而不已。故世之所患，禍之所由，常在於智用，不在於性動。今使瞽目遇室，則西施與嫫母同情；聵者忘味，則糟糠與精粹等甘。豈識賢、愚、好、醜，以愛憎亂心哉？君子識智以無恆傷生，欲以逐物害性；故智用則收之以恬，欲動則糾之以和。使智止於恬，性足於和，然後神以默醇，體以和成，去累除害，與彼更生。所謂不見可欲，使心不亂者也。

在「性之動」的生理問題上，及「智之用」的心理問題上；適度滿足生理之慾，以意足來處理心理之慾，收之以恬，糾之以和；此二者皆是消極的作法。更積極的，則是以「呼吸吐納，服食養身」，以「流泉甘醴，瓊蘂玉英，金丹石菌，紫芝黃精」煉化體質來養形；而以「愛憎不棲於情，憂喜不留於意。泊然無感，而體氣平和」來養神。使「形神相親，表裡俱濟」。

三國·嵇康《嵇康集·養生論》：

> 形恃神以立，神須形以存。悟生理之易失，知一過之害生，故修性以保神，安心以全身。愛憎不棲於情，憂喜不留於意。泊然無感，而體氣平和。

又云：

> 是以君子知形恃神以立，神須形以存；悟生理之易失，知一過之害生。故修性以保神，安心以全身，愛憎不棲於情，憂喜不留於意。泊然無感，而體氣和平；又呼吸吐納，服食養身；使形神相親，表裡俱濟也。

又云：

> 善養生者，則不然矣，清虛靜泰，少私寡慾。知名位之傷德，故忽而不營，非欲而強禁也；識厚味之害性，故棄而弗顧，非貪而後抑也。外物以累心不存，神氣以醇白獨著。曠然無憂患，寂然無思慮，又守之以一，養之以和，和理日濟，同乎大順。然後蒸以靈芝，潤以醴泉，

晞以朝陽，綏以五絃，無爲自得，體妙心玄，忘歡而後樂足，遺生而
後身存。若此以往，庶可與羨門比壽，王喬爭年，何爲其無有哉！

以上是嵇康的「養神」方式。漢世而後，養神、養形之討論，未曾停息。而
由於受《文子》及《淮南子》摒去喜怒悲樂之情的影響，因而魏晉之世，何
晏主張聖人無喜怒哀樂之情〔註3〕，嵇康主張「愛憎不棲於情，憂喜不留於
意。泊然無感，而體氣和平」〔註4〕，《晉書・卷四十九・嵇康傳》說：「（王）
戎自言與（嵇）康居山陽二十年，未嘗見其喜慍之色。」此是嵇康將養神的
工夫表現在日常生活中，可以看出嵇康不僅是理論家，也是實踐家。至於在
養形方面，嵇康〈答難養生論〉云：

流泉甘醴，瓊蕊玉英，金丹石菌，紫芝黃精，皆眾靈含英，獨發其
生，貞香難歇，和氣充盈。澡雪五藏，疏徹開明。吮之者體輕，又
練骸易氣，染骨柔筋，滌垢澤穢，志凌青雲。若此以往，何五穀之
養哉？且螟蛉有子，果蠃負之，性之變也。橘渡江爲枳，易土而變，
形之異也。納所食之氣，還質易性，豈不然哉？故赤斧以練丹頳髮，
涓子以朮精久延，偓佺以松實方目，赤松以水玉乘煙，務光以蒲韭
長耳，邛疏以石髓駐年，方回以雲母變化，昌容以蓬蔂易顏。若此
之類，不可詳載也。（見《嵇康集》）

以上是嵇康以瓊蕊玉英，金丹石菌等藥物來養形，嵇康甚且認爲這些藥物，
不僅能改易形體，「練骸易氣，染骨柔筋」，甚且可以「納所食之氣，還質易
性」；也就是說藥物不僅能改易形體而已，也可以改易情性（精神）。這樣的
說法應是前人所未言，大大的肯定了道教藥餌在養生上的地位，不僅可以養
形長壽，也可以養神易性。養神和養形二者在養生上都不可缺。所以三國・
嵇康《嵇康集・養生論》說：

外物以累心不存，神氣以醇白獨著。曠然無憂患，寂然無思慮。又守
之以一，養之以和。和理日濟，同乎大順。然後蒸以靈芝，潤以醴泉，
晞以朝陽，綏以五絃。無爲自得，體妙心玄。忘歡而後樂足，遺生而
後身存。若此以往，可與羨門比壽，王喬爭年。何爲其無有哉？

嵇康的養生，在養神上，主張恬淡寡慾，不以外物擾心。在養形上，主
張以服藥（服食流泉甘醴，瓊蕊玉英，金丹石菌，紫芝黃精）、導引（吐納呼

〔註3〕見《三國志・鍾會傳》注引何劭撰《王弼傳》。
〔註4〕語見嵇康〈養生論〉。

吸），達到長生。亦即是內去情慾，外調飲食。

嵇康《養生論》思精而理深，是晉世過江後三大清談玄論之一，對魏晉玄學的發展，有深遠的影響；《世說新語‧文學篇》：「舊云：王丞相過江左，止道《聲無哀樂》、《養生》、《言盡意》三理而已；然宛轉關生，無所不入。」《聲無哀樂》、《養生》都是嵇康的作品。

嵇康的養生，以為「形恃神以立，神須形以存」，所以其養生之法，亦是「修性以保神」（養神）及「又呼吸吐納，服食養身」（養形）並重。「清虛靜泰，少私寡欲」、「外物以累心不存，神氣以醇白獨著」、「守之以一，養之以和」此為養神；而「蒸以靈芝，潤以醴泉，晞以朝陽，綏以五絃，無為自得」，則為養形；兩者兼顧，然後「可與羨門比壽，王喬爭年」。

肆、嵇康而後受嵇康影響的魏晉南北朝養生理論

嵇康雜糅道教藥餌修煉以談養生，此後撰寫文章或書籍以討論養生說者甚多，計有：魏‧嵇康〈養生論〉、〈答難養生論〉，向秀〈難養生論〉〔註5〕，吳‧楊泉〈養性賦〉〔註6〕；其後則為晉‧張湛《養生要集》十卷〔註7〕、張湛《延年祕錄》十二卷〔註8〕，晉‧葛洪《抱朴子‧養生論》〔註9〕，晉‧翟平撰《養生術》一卷〔註10〕；梁‧陶弘景《養性延命錄》二卷、陶弘景《導引養生圖》一卷〔註11〕；北齊‧武成帝（高湛）《養生論》〔註12〕、北齊‧顏之推《顏氏家訓‧養生篇》。另據《隋書‧經籍志》所載，撰者不詳的養生著

〔註5〕魏‧嵇康撰〈養生論〉、〈答難養生論〉，向秀撰〈難養生論〉；以上三篇論文，見《嵇康集》。

〔註6〕楊泉〈養性賦〉今佚，《昭明文選‧卷三十八‧任彥昇為齊明帝讓宣城郡公表》注引陽泉〈養性賦〉曰：「況性命之幾微，如鴻毛之漂輕。」

〔註7〕《隋書‧卷三十四‧經籍志‧醫方類》：「《養生要集》十卷，張湛撰。」

〔註8〕《新唐書‧藝文志》：「張湛《延年祕錄》十二卷。」

〔註9〕《抱朴子‧養生論》，見《正統道藏‧洞神部‧方法類‧臨字號》。

〔註10〕見《隋書‧卷三十四‧經籍志‧醫方類》。梁‧陶弘景《養性延命錄‧序》曾言及翟平。

〔註11〕《宋史‧卷二百五藝文志‧道家類》載陶弘景所著之書有：「《養性延命錄》二卷、《導引養生圖》一卷、《神仙玉芝瑞草圖》二卷、《上清握中訣》三卷、《登真隱訣》三十五卷、《真誥》十卷。」其中與養生較密切者為《養性延命錄》、《導引養生圖》二書；後一書今已佚，據宋‧晁公武《郡齋讀書志‧卷十六‧神仙類》：「《導引養生圖》一卷　右梁陶宏景撰；分三十六勢，如鴻鶴徘徊，鴛鸞戢羽之類，各繪像於其上；田偉家本少八勢。」知陶書載有三十六勢導引圖。

〔註12〕高湛《養生論》，見《太平御覽‧卷七百二十‧方術部一‧養生》引。

作有：《養生注》十一卷，目一卷；《龍樹菩薩養性方》一卷；《引氣圖》一卷；《導引圖》三卷；《養身經》一卷；《養生要術》一卷；《養生服食禁忌》一卷；《養生傳》二卷等等。《隋書·卷三十四·經籍志·醫方類》云：

> 《養生注》十一卷，目一卷；《養生術》一卷，翟平撰；《龍樹菩薩養性方》一卷；《引氣圖》一卷；《導引圖》三卷；《養身經》一卷；《養生要術》一卷；《養生服食禁忌》一卷；《養生傳》二卷；《帝王養生要方》二卷，蕭吉撰。

又，《正統道藏·洞神部·威儀類·盡字號》所收《太清導引養生經》、《太上養生胎息氣經》、華佗授廣陵吳普的《太上老君養生訣》；《正統道藏·洞神部·方法類·臨字號》所收托名彭祖撰《彭祖攝生養性論》；另外，《昭明文選·卷五十三·嵇叔夜養生論》唐·李善注引《養生經》等；這些著作撰作年代難明，疑是漢至魏晉間的養生作品。

以上《隋志》、《道藏》等所載六朝人所撰寫之養生書，這些大量養生書的出現，疑和嵇康〈養生論〉被時人所重視，並且過江後成為名士清談三大名論之首有關。六朝所見的養生書，大概都和嵇康相近，已經不再是以老莊養神思想為主的養生理論，而是以老莊養神和道教養形並重，所形成的養生說。又，嵇康而後，在養生理論上有成就者，則為葛洪及陶弘景。

晉·葛洪《抱朴子·論仙篇》：

> 學仙之法，欲得恬愉澹泊，滌除嗜欲，內視反聽，尸居無心。……
>
> 仙法欲靜寂無為，忘其形骸。……仙法欲止絕臭腥，休糧清腸。

上文中「恬愉澹泊，滌除嗜欲，內視反聽，尸居無心」此為養神；而「止絕臭腥，休糧清腸」，則是養形。葛洪《抱朴子·養生論》的主張，跟嵇康相近；重在養氣，去嗜欲，不以喜怒哀愁擾心。所謂：「夫愛其民，所以安其國；愛其氣，所以全其身。民弊，國亡；氣衰，身謝。」「常以寬泰自居，恬淡自守，則身形安靜，災害不生。」葛洪、嵇康，都將養生說帶入道教的修煉法門中，使其成為道教修仙法的一部分。

又，梁·陶弘景《養性延命錄序》：

> 夫稟氣含靈，唯人為貴；人所貴者，蓋貴為生。生者，神之本；形者，神之具。神大用則竭，形大勞則斃。若能遊心虛靜，息慮無為；服元氣於子後，時導引於閑室；攝養無虧，兼餌良藥，則百年耆壽，是常分也。

陶弘景《養性延命錄》一書，是輯錄「上自農黃以來，下及魏晉之際」養生有關方面的書籍，錄其要法，刪去繁蕪所形成的。在序中，陶弘景說明了養生須「神」、「形」並重，所謂「神大用則竭，形大勞則斃。」而文中的「能遊心虛靜，息慮無爲」，乃是指養神而言；「服元氣於子後，時導引於閑室；攝養無虧，兼餌良藥」，則是以導引及藥餌來養形。

自三國嵇康〈養生論〉而後，嵇康以老莊恬淡寡慾來養神，並配合道教導引服餌養形的作法，及其理論，不僅影響儒生、道流，也影響到佛徒。其中值得注意者爲《龍樹菩薩養性方》一卷。其書今已佚，無法明白其內容，但既跟眾多養生書排列在一起，應是性質相同者。道教重養生、長生；佛教以生老病死爲不可改之宿命，初期佛經中並無倡導養生延生之說；當是六朝時佛徒受當時道流盛倡養生之影響而撰，並托名龍樹者。龍樹年世約合中國三國魏明帝世，至東晉鳩摩羅什始譯介其書，如此則《龍樹菩薩養性方》一書之撰成，當在晉後隋前。

又，《養性延命錄·序》云：「余因止觀微暇，聊復披覽《養生要集》，其集乃錢彥、張湛、道林之徒，翟平、黃山之輩，咸是好事英奇，志在寶育。」道林之名，列在張湛後，不知是否爲東晉的支道林；唐·孫思邈撰《備急千金要方·卷二十七·養性》其中〈道林養性第二〉所言者，或應即是陶弘景序中之「道林」，該章通篇皆論述導引養生之法，與佛教全無相關，看不出與「支道林」間之關係；因而「道林」與「支道林」是否爲同一人，不敢妄定。梁·慧皎《高僧傳·卷四·支遁傳》說支遁字道林，好剡縣之山水，「又立棲光寺，宴坐山門，遊心禪苑，木食澗飲，浪志無生。」「無生」，是不以生爲累，是亦養生養神之法；如此，支遁之行徑亦類似善養生者。

佛教除《龍樹菩薩養性方》受道教養生影響外，僧侶及佛教信眾，談及養生者亦復不少。養生在六朝已成爲道佛二教的共好。其中北魏僧人曇鸞曾南下師事梁朝陶弘景，以學長生術。唐·道宣《續高僧傳·卷六·釋曇鸞傳》云：

> 顧而言曰：「命惟危脆，不定其常，《本草》諸經具明正治，長年神仙往往間出，心願所指，修習斯法，果剋既已，方崇佛教，不亦善乎！」承江南陶隱居者，方術所歸，廣博弘贍，海內宗重，遂往從之。既達梁朝……明旦引入太極殿，帝降階禮接，問所由來，鸞曰：「欲學佛法，限年命促減，故來遠造陶隱居，求諸仙術。」帝曰：「此傲世遁隱者，比屢徵不就，任往造之。」……及居山所，接對欣然，

便以仙經十卷，用酬遠意。(《大正藏》第五〇冊，四七〇頁上、中)
曇鸞在當時的佛教界，頗具聲望，因擔心年命短促，而前往陶弘景處學長生術。可見長生的願望，不因宗教信仰的不同而有區隔。其後，虔信佛教的北齊·顏之推，也因得益於道教養生法，特別撰寫〈養生篇〉。

《顏氏家訓·養生篇》云：

> 神仙之事，未可全誣，但性命在天，或難種植。人生居世，觸途牽縈……縱使得仙，終當有死，不能出世，不願汝曹專精於此。若其愛養神明，調護氣息，慎節起臥，均適寒暄，禁忌食飲，將餌藥物，遂其所稟，不爲夭折者，吾無間然。諸藥餌法不廢世務也。庾肩吾常服槐實，年七十餘，目看細字，鬚髮猶墨。鄴中朝士有單服杏仁、枸杞、黃精、朮、車前得益者甚多，不能一一說爾。吾嘗患齒搖動欲落，飲食熱冷，皆苦疼痛，見《抱朴子》牢齒之法，早朝叩齒三百下爲良，行之數日，即平愈，今恒持之。

由顏氏的行爲看，可見縱使不同意道教理論的人，也會被道教養生說所吸引，而親自實行它。顏之推如此，隋初佛學大師智顗也是如此，智顗《摩訶止觀》卷八、卷九所載內容，常糝糅了道教養生六氣及五行生剋、卅六時媚說。如《摩訶止觀》卷八云：

> 二用氣治者，謂吹、呼、嘻、呵、噓、呬，皆於脣吻吐納轉側牙舌，徐詳運心，帶想作氣。若冷用吹，如吹火法；熱用呼；百節疼痛用嘻，亦治風；若煩脹上氣用呵；若痰癊用噓；若勞倦用呬。六氣治五藏者，呵治肝，呼、吹治心，噓治肺，嘻治腎，呬治脾。又六氣悶治一藏，藏有冷，用吹；有熱，用呼；有痛，用嘻；有煩滿，用呵；有痰，用噓；有乏倦用呬。餘四藏亦如是。又口吹去冷，鼻徐內溫，安詳而入，勿令衝突，於一上坐，七過爲之，然後安心；安心少時，更復用氣，此是用治意；若平常吐穢，一兩即足，口呼去熱，鼻內清涼，口嘻去痛除風，鼻內安和，口呵去煩，下氣散痰者，想胸痰，上分隨口出，下分隨息溜，故不須鼻中補也。噓去滿脹，鼻內安鎮。呬去勞之，鼻內和補，細心出內，勿令過分。善能斟酌，增損得宜，非唯自能治病，亦能濟他。(《大正藏》卷四十六，頁一〇八中、下)

智顗在文中，明白的援引了道教養生導引的六氣說，用以治五臟所衍生的疾病。如云：「肺害於肝，而生此病，可用呵氣治之」、「腎害於心，可用吹、呼

治之」、「心害肺成病……可用噓氣治之」、「脾害於腎……可用嘻氣治之」、「肝害於脾……可用呬氣治之」。六氣說，出自道教，見載於《仙經》及陶弘景《養性延命錄》等道書中，為道教之服氣療病法。

我們由六朝時，撰文談論養生者多；且佛徒亦有養生之著作出現，並大談養生方看來；可以推知道教的養生說，已打破宗教的界域，廣被人民所喜愛。

伍、結　語

養生說起於周世春秋戰國的老、莊學說。由戰國至兩漢，養生說的發展情形，主要是以「養神」為主，以「養形」為輔，所以《文子‧下德》以為：「太上養神，其次養形。」《莊子‧刻意篇》把「德全神不虧」的養神，擺在熊經鳥申的養形之上。至三國嵇康〈養生論〉出，開始將老莊養生說和修仙思想相結合，重視形、神之關係；以老莊恬淡寡慾來養神，以道教導引服餌來養形，融合老莊與仙道於一家。

養生說至嵇康所以轉而和神仙道教相結合，主要和嵇康本人是個道教徒有關。歷史上雖然沒有明文記載他和天師道或其它道教間的關係，但從嵇康的〈養生論〉及平常言行中，可以確定他是個虔誠的道教徒，也是一個道教修仙理論的實踐者。史載嵇康曾經和王烈入山採藥，也曾與孫登交游三年。《晉書‧卷四十九‧嵇康傳》說：

> 康嘗採藥游山澤，會其得意，忽焉忘反。時有樵蘇者遇之，咸謂為神。至汲郡山中見孫登，康遂從之遊。登沈默自守，無所言說。康臨去，登曰：「君性烈而才儁，其能免乎！」康又遇王烈，共入山，烈嘗得石髓如飴，即自服半，餘半與康，皆凝而為石。又於石室中見一卷素書，遽呼康往取，輒不復見。烈乃歎曰：「叔夜志趣非常而輒不遇，命也！」其神心所感，每遇幽逸如此。

嵇康所從游的孫登、王烈，都是道教中人，嵇康〈養生論〉中也以道教藥餌修煉的角度來談論養生。嵇康是繼王弼、何晏之後清談的主要領袖，以康為首的竹林七賢，更是當時名士風範的象徵。《世說新語‧文學篇》說丞相王導過江只談〈聲無哀樂〉、〈養生〉、〈言盡意〉三論，三論中，嵇康玄論即佔了其中二篇。所以嵇康的養生思想對當時及六朝都應有深遠的影響。魏晉南北間眾多養生論著的出現，和嵇康過江後二篇玄論對時人的影響，應有密切關係。